Große Frauen der Bibel *in Bild und Text*

Herbert Haag
Dorothee Sölle
Joe H. Kirchberger
Anne-Marie Schnieper

Große Frauen der Bibel *in Bild und Text*

Herder
Freiburg · Basel · Wien

Eine Produktion von
EMB-Service für Verleger,
Luzern

1

3

4

Gestaltung:
Franz Gisler, Luzern

Umschlaggestaltung:
Finken & Bumiller, Stuttgart

Satz:
SatzWeise, Föhren

Photolithos:
Cover Communication, Mailand

Druck und Einband:
Cover Communication, Mailand

Printed in Italy

ISBN 3-451-27577-5

9

1 „Lilit“, Amulett, persisch
2 „Eva“ (Ausschnitt), Hans Memling
3 „Sara und Hagar“, Weltchronik Rudolfs von Ems
4 „Tamar und Juda“ (Ausschnitt), Jacopo Bassano
5 „Rut“ (Ausschnitt), Marc Chagall
6 „Abigail“ (Ausschnitt), David Teniers d. Ältere
7 „Judit mit dem Haupt des Holophernes“ (Ausschnitt), Jan Massys
8 „Königin Ester“, Andrea del Castagno
9 „Die Frau der Salbung“ (Ausschnitt), Lucas Moser
10 „Maria und Martha“ (Ausschnitt), Jacob Jordaens
11 „Maria von Magdala“ (Ausschnitt), Meister von Moulin

Seite 2: „Judit“, Gemälde von Sandro Botticelli (1445–1510).
Die Dienerin trägt das Haupt des Holophernes auf dem Kopf. Der Zweig in der linken Hand von Judit symbolisiert die Hoffnung auf Frieden für ihr Volk.

2

5

6

7

8

10

11

Wir sind es gewohnt, von *der* Frau zu sprechen, von den Vorstellungen und Erwartungen, die wir an sie knüpfen. Freilich wissen wir, daß es *die* Frau nicht gibt, daß sich jede Zeit ein anderes Bild von ihr machte als die Zeit davor und die Zeit danach. So scheint etwa den alten Griechen die Frau als Objekt der männlichen Zärtlichkeit wenig bekannt gewesen zu sein, und wer zum Minnesang des 12. bis 14. Jahrhunderts hinüberwechselt, sieht sich in eine andere Welt versetzt. Wer umgekehrt meinen sollte, im biblischen Israel kämen Zärtlichkeit und Erotik zu kurz, hat nie das *Hohelied* des Alten Testaments gelesen, von dem viele Christen noch nie gehört haben, es stehe in

Vorwort

Herbert Haag

der Bibel. „Wenn er mich doch küßte mit den Küssen seines Mundes" – das verliebte Mädchen, das so nach den Küssen des geliebten Mannes begehrt, kennt alle Stufen der Zärtlichkeit. Sie sucht ihn bei seiner Herde:

„Sag mir, du, den ich so innig liebe:
Wo weidest du, wo lagerst du am Mittag?" (1,7)

Die Sehnsucht wird von der Frau stärker empfunden als vom Mann. Deshalb sucht sie ihn nicht nur am Mittag auf dem Weideplatz. Sie sucht ihn auch bei tiefer Nacht auf den Gassen und Plätzen der Stadt:

„Auf meinem Lager eine lange Nacht
suchte ich, den ich so innig liebe.
Ich suchte ihn, und ich fand ihn nicht.

Aufstehen will ich und die Stadt durchstreifen,
die Gassen und die Plätze,
ihn suchen, den ich so innig liebe.

Ich suchte ihn, und ich fand ihn nicht.
Ich stieß auf die Wächter
bei ihrer Runde durch die Stadt:
Den ich so innig liebe, habt ihr ihn gesehen?

Kaum war ich an ihnen vorüber,
da fand ich ihn, den ich so innig liebe.

Ich hielt ihn fest und ließ ihn nicht mehr los,
bis ich ihn ins Haus meiner Mutter gebracht,
in die Kammer, wo sie mich gebar" (3,1–4).

Der hebräische Dichter hat kein Bedenken, uns in seiner einfachen und offenen Sprache in das Intimste des Frauseins hineinzuführen. Mit dem „Haus der Mutter", mit der „Kammer, worin sie die Geliebte gebar", kann nichts anderes als der weibliche Schoß gemeint sein, von dem der Liebhaber Besitz ergreift und worin ihre Sehnsucht die Erfüllung findet. Die Sehnsucht der Frau nach dem Mann, aber auch des Mannes nach der Frau ist der Natur des Menschen eingeschrieben. Das wußte schon der älteste biblische Erzähler – die Wissenschaft nennt ihn den „Jahwisten" –, wenn er Gott der Frau ankündigen läßt: „Du wirst nach deinem Mann verlangen" (Gen 3,16), dabei aber zugleich andeutet, daß die Sehnsucht nach dem Mann der Frau nicht nur Glück, sondern auch Not bringen wird:

„Er aber wird über dich herrschen."

Das Unerklärliche, ja Widersprüchliche in Wesen und Leben der Frau hat die biblischen Denker und Erzähler stark beschäftigt. *Hagar* ist in die Geschichte eingegangen als die stolze Ahnfrau eines Verbandes arabischer Stämme (Gen 25,12–16). Sie selber war eine Ägypterin und – sozial gesehen – nur die Leibmagd Saras, der legitimen Frau Abrahams (Gen 16,1). Ihren Sohn Ismael erhielt sie von Abraham mit Zustimmung der kinderlosen Sara, und obwohl er nach gültigem Recht deren Sohn war, konnten Eifersüchte zwischen den zwei Frauen nicht ausbleiben. Abraham erweist sich als schwach, indem er Hagar trotz des zu ihr bestehenden ehelichen Verhältnisses der Willkür Saras preisgibt und sie damit zur Flucht vor Sara zwingt (Gen 16,1–16).

Aber der Widersprüche ist noch kein Ende. Als Sara wider alles Erwarten der Natur doch schwanger wird, macht der Blick in die Zukunft der beiden Söhne sie von neuem eifersüchtig.

Dieses Mal erreicht sie, daß Abraham Hagar „fortschickt", „und sie irrte in der Wüste umher" (Gen 21,14). Es ist der Widerspruch im Verhalten Saras, der Widerspruch im Verhalten Abrahams, der ihr ganzes Leben zu einem einzigen Widerspruch macht. Im Alten Testament wird Hagar später nie mehr erwähnt. Bei Paulus ist sie Bild für die Knechtschaft des Gesetzes gegenüber der Freiheit des Evangeliums (Gal 4,22–31).

Eine erschütternde Tragik ist das Leben der Davidstochter *Tamar*. Ihre ungewöhnliche Schönheit wird in der biblischen Erzählung mit gewählten Worten hervorgehoben (2 Sam 13). Es fällt über-

Rechts: „Eva“, Gemälde von Albrecht Dürer (1471–1528). Dem Geschmack der Zeit entsprechend gilt noch immer der Lobpreis des weiblichen Körpers, wie es in einem Vers des 14. Jahrhunderts hieß: „Ze mâssen lanc (lang), enmitten klein (in der Mitte zierlich fein), sinwel mit swanc (überall abgerundet).“
Museo del Prado, Madrid.

Epreuve d'artiste
Marc Chagall

haupt auf, wie oft das Alte Testament von der Schönheit israelitischer Frauen und Mädchen zu erzählen weiß, so bei Sara, Rebekka, Rachel, Batscheba, Judit, Ester. Im Hohenlied wird der Freund nicht müde, die Schönheit der Geliebten zu preisen: „Schön bist du, meine Freundin, schön bist du“ (1,15; 4,1; 6,4), „rundum bist du schön“ (4,7), ja er redet sie einfach an als „meine Schöne“ (2,10.13). Die Schönheit erscheint als das auslösende Moment für die Liebe. Tamars Schönheit treibt ihren Halbbruder Amnon in rasende Leidenschaft. Ihre beschwörenden Worte, ihr das nicht anzutun, fruchten nichts. Er überwältigt und vergewaltigt sie. Zwar bezahlt er diese Untat mit seinem Leben. Tamars Leben aber ist für immer vernichtet. Sie ist zur einsamen Witwe geworden, die nie Ehefrau war (2 Sam 13, 20).

Die *Rut*-Geschichte gilt als die rundeste und ungetrübteste Liebesgeschichte der Bibel, in der kein Riß wahrnehmbar ist. Rut ist eine Ausländerin, eine Moabiterin, die nach dem Tod ihres Mannes mit ihrer Schwiegermutter in dessen Heimat Betlehem zurückkehrt. Beim Ährenlesen in den Gefilden Betlehems erfährt sie die Zuneigung eines reichen Verwandten namens Boas, der sie mit Freigebigkeit überschüttet. Sie selber ist nicht schüchtern. Während er hinter seinem Garbenhaufen nächtigt, legt sie sich auf Anraten ihrer Mutter „zu seinen Füßen“ schlafen. Es fällt auf, wie aktiv Ruts Mutter darum besorgt ist, daß die beiden sich finden. Dieselbe Rolle spielt die Mutter der Geliebten auch im Hohenlied. Es ist, als verdichtete sich in der Person und im Herzen der Mutter alles Drängen der Weiblichkeit und Zärtlichkeit.

Nachdem ein noch näherer Verwandter verzichtet hat, wird Rut die Frau des Boas. Sie gebiert ihm alsbald einen Sohn, dessen Linie auf David ausmündet. So verstehen wir auch den optimistischen Tenor der ganzen Rut-Erzählung. Sie ist keine dem realen Leben entsprechende Erzählung, sondern eine Wunsch- und Idealgeschichte, der es im Letzten um die Verherrlichung des Davidshauses geht.

Im Neuen Testament, in der nächsten Umgebung Jesu, begegnet uns eine Frau, in deren Leben es keinen Riß zu geben scheint. Es stellt sich dar als eine einzige Harmonie, ein ungetrübter Frühling der Liebe. Da ist nur *ein* Riß, und dieser bestimmte gewiß fortan ihr ganzes weiteres Leben. Es ist das entsetzliche Geschehen, als sie die Hinrichtung als Verbrecher dessen miterleben mußte, auf den sie ihr ganzes Leben gesetzt hatte.

Aus den Evangelien, vor allem Lukas, wissen wir, daß zur Gefolgschaft Jesu nicht nur Jünger, sondern auch Jüngerinnen gehörten. Von diesen werden einige mit Namen genannt, als erste *Maria* (die) *aus Magdala*, einem Städtchen am Westufer des Sees Gennesaret. Sie hatte Grund zu besonderer Anhänglichkeit an Jesus, denn er hatte aus ihr „sieben böse Geister ausgetrieben“, das heißt – in unsere Sprache übersetzt –, er hatte sie von einer ungewöhnlich schweren Krankheit geheilt (Lk 8,2).

Dann hören wir während des ganzen öffentlichen Lebens Jesu nichts mehr von Maria aus Magdala. Wir begegnen ihr erst wieder bei der Kreuzigung Jesu. Die Jünger, die Männer, waren bei der Festnahme Jesu alle geflohen. Die Frauen waren tapferer. Vier Frauen, die unter dem Kreuz standen, werden mit Namen genannt, darunter Maria aus Magdala (Joh 19,25). Sie läßt es sich nicht nehmen, Jesus in seiner bittersten Stunde beizustehen.

Die Sternstunde ihres Lebens aber wurde der Ostertag, als sie mit anderen Frauen – wiederum waren es Frauen – noch vor Anbruch das Tages zum Grab ging, der Auferstandene ihr erschien und sie beauftragte, den Jüngern zu melden, er sei auferstanden. Sie erkennt ihn an seiner Stimme, wie er sie immer angeredet hatte: Mirjam. Und nun erhält sie den größten Auftrag, den je ein Mensch in der Geschichte des Christentuns erhalten hat: den Aposteln die Osterbotschaft zu bringen – sie wird deshalb in der christlichen Überlieferung „apostolorum apostola“, die Apostelin der Apostel genannt – und besonders dem Petrus zu sagen, was er zu tun habe.

Damit ist der Platz bezeichnet, der der Frau in der Kirche obliegt. Zwar hatte die Kirche Mühe, sich dieser Rolle der Frau bewusst zu werden. Jesus legt in ihren Mund das Lied des Lebens. Es bleibt inmitten aller Turbulenzen das Lied der Frau.

Gegenüber: „Boas und Rut“, Gemälde von Marc Chagall (1887–1985). Boas hatte zu Rut, deren bescheidenes Verhalten bei der Ährenlese ihm aufgefallen war, sogleich Zuneigung gefunden. Boas heiratete Rut, und sie schenkte ihm einen Sohn namens Obed.
Musée National du message biblique, Nizza.

Eva und Lilit

Buch Genesis
Kapitel 1, Vers 26–29; Kapitel 2, Vers 1–25;
Kapitel 3, Vers 1–24; Kapitel 4, Vers 1–2

Oben: „Lilit", persisches Amulett.
Israel Museum, Jerusalem.

Rechts: Die große Steinfigur der schöngestaltigen Eva ist ein Werk von Tilman Riemenschneider, entstanden 1491/93. Diese Eva steht als Gegenstück zur Figur Adams am Portal der Marienkapelle in Würzburg.

Gegenüber: Um Eva zu erschaffen, hat Gott die Erde betreten und Adam in tiefen Schlaf fallen lassen. Auf sein göttliches Geheiß hin wächst aus Adams Rippe dessen zukünftige Gefährtin, ein neuer Mensch mit weichgerundetem Körper, eine Frau. Eva, noch nicht ganz gelöst von Adams Seite, erhebt bittend die Hände zu ihrem Schöpfer, der sie gütig betrachtet.
Fresko von Michelangelo in der Sixtinischen Kapelle, Vatikan.

Im 1. Kapitel des ersten Buches Mose (Genesis) wird geschildert, wie Gott die Welt in fünf Tagen schuf. Er ließ das Licht entstehen, trennte Wasser und Land, schuf Pflanzen und Bäume, Sonne, Mond und Sterne und schließlich Tiere aller Art. Dann heißt es weiter:

Nun sprach Gott: „Laßt uns den Menschen
machen nach unserem Bilde, uns ähnlich. Sie
sollen herrschen über die Fische des Meeres und
über die Vögel des Himmels, über das Vieh und
über alles Wild des Feldes und über alles Gewürm,
das auf dem Erdboden kriecht!“ 27 Und Gott schuf
den Menschen nach seinem Bilde, nach dem Bilde
Gottes schuf er ihn, als Mann und Frau schuf er
sie. 28 Gott segnete sie, und Gott sprach zu ihnen:
„Seid fruchtbar und mehret euch und erfüllet die
Erde und macht sie euch untertan! Herrschet über
die Fische des Meeres und über die Vögel des
Himmels und über alles Getier, das sich auf Erden
regt!“ 29 Dann sprach Gott: „Seht, ich übergebe
euch alles Kraut, das Samen hervorbringt auf der
ganzen Erde, und alle Bäume, die samentragende
Früchte hervorbringen; sie sollen euch zur Speise
dienen.“

2 1 So wurden Himmel und Erde mit ihrem
ganzen Heer vollendet. 2 Gott vollendete am
sechsten Tag sein Werk, das er gemacht hatte, und
ruhte am siebten Tag von seinem ganzen Werk,
das er gemacht hatte. 3 Und Gott segnete den sieb-
ten Tag und heiligte ihn, denn an ihm ruhte er von
seinem ganzen Schöpfungswerk.

4a Dies ist die Entstehungsgeschichte des Him-
mels und der Erde, als sie erschaffen wurden.

4b Am Tage, da Jahwe Gott Erde und Himmel
machte, 5 gab es auf der Erde noch kein Gesträuch
des Feldes und wuchs noch keinerlei Kraut des
Feldes. Denn Jahwe Gott hatte noch nicht auf die
Erde regnen lassen, und der Mensch war noch
nicht da, um den Erdboden zu bebauen. 6 Da stieg
eine Flut von der Erde auf und tränkte die ganze
Fläche des Erdbodens. 7 Dann bildete Jahwe Gott

Gegenüber: Auf vier Horizontalstreifen eines Blattes der Grandval-Bibel, Tours (um 840), ist die Geschichte von der Erschaffung der Menschen bis zur Vertreibung aus dem Paradies dargestellt.
In der oberen Reihe sehen Engel zu, wie Gott die Körper von Adam und Eva einzeln formt, Eva also nicht aus der Rippe des Adam geschaffen wird.
In der zweiten Reihe segnet und belehrt Gott das Menschenpaar.
In der dritten Reihe wird Eva von der Schlange verführt; Adam und Eva beißen in die verbotenen Früchte und stehen, schuldbewußt und sich ihrer Nacktheit schämend, vor Gott. Zuunterst werden sie von einem Erzengel aus dem Paradies vertrieben. Adam bearbeitet nun „im Schweiße seines Angesichts" den steinigen Boden, und Eva stillt ihr Kind.
Add. Ms. 10546, fol. 5v. British Library, London.

Ach, sie hätte gern in jenem Land
noch ein wenig weilen mögen
achtend auf der Tiere Eintracht und Verstand.

Rainer Maria Rilke

Oben: Die zwischen den Vögeln vom Ast herabhängende Schlange hat Eva dazu verleitet, vom verbotenen Baum einen Apfel abzupflücken. Sie hält diese schöne rote Frucht über den noch wohlig schlafenden Adam, damit er beim Erwachen gleich danach greife. „In naiver Manier" gemaltes Bild von Beryl Cook.

Links: Adam und Eva im Paradies, Gemälde von Alois Beneš (1903–1985), Offenbach. Das erste Menschenpaar lebt im Garten Eden in Eintracht mit der Natur. Der bärtige Adam krault einen Bären, und an Evas Bein schmiegt sich der Kopf einer Schlange. Sorge und Not sind hier unbekannt. Bäume spenden Früchte zur Nahrung, und Blumen erfüllen die Luft mit Düften.
Fritz Novotny Kollektion, Offenbach.

den Menschen aus Staub von dem Erdboden und
blies in seine Nase einen Lebenshauch. So wurde
der Mensch ein lebendes Wesen.
[8] Jahwe Gott pflanzte einen Garten in Eden, im
Osten, und setzte dahinein den Menschen, den er
gebildet hatte. [9] Und Jahwe Gott ließ aus dem
Erdboden allerlei Bäume hervorwachsen, lieblich
anzusehen und gut zu essen, den Baum des Lebens
mitten im Garten und den Baum der Erkenntnis
des Guten und Bösen. [10] Ein Strom ging von Eden
aus, um den Garten zu bewässern, und von dort
teilte er sich in vier Arme. [11] Der Name des einen
ist Pischon: er umfließt das ganze Land Hawila,
wo Gold vorkommt. [12] Das Gold dieses Landes ist
vorzüglich; dort gibt es auch Bdelliumharz und
den Schoham-Edelstein. [13] Der Name des zweiten
Flusses ist Gichon; er umfließt das ganze Land
Kusch. [14] Der Name des dritten Flusses ist Tigris:
er fließt östlich von Assur. Der vierte Fluß ist der
Euphrat. [15] Jahwe Gott nahm den Menschen und
setzte ihn in den Garten Eden, damit er ihn bebaue
und bewache. [16] Und Jahwe Gott gab dem Men-
schen dieses Gebot: „Von allen Bäumen des Gar-
tens darfst du essen. [17] Von dem Baum der
Erkenntnis des Guten und Bösen aber darfst du
nicht essen. Denn am Tage, da du davon issest,
mußt du sicher sterben."
[18] Dann sprach Jahwe Gott: „Es ist nicht gut,
daß der Mensch allein sei. Ich will ihm eine Hilfe
machen, die ihm entspricht." [19] Jahwe Gott bildete
noch aus dem Erdboden alle Tiere des Feldes und
alle Vögel des Himmels, und er führte sie zum
Menschen, um zu sehen, wie er sie benennen
würde: so, wie der Mensch sie benennen würde,
sollte ihr Name sein. [20] Da gab der Mensch allem
Vieh und den Vögeln des Himmels und allem Wild
des Feldes Namen. Aber für einen Menschen fand
er nicht die Hilfe, die ihm entsprochen hätte.
[21] Nun ließ Jahwe Gott einen Tiefschlaf über den
Menschen fallen, daß dieser einschlief, und er
nahm eine von seinen Rippen und schloß das
Fleisch an ihrer Stelle zu. [22] Dann baute Jahwe
Gott die Rippe, die er vom Menschen genommen
hatte, zu einem Weibe und führte es zum Men-
schen. [23] Da sprach der Mensch: „Das ist endlich
Bein von meinem Bein und Fleisch von meinem
Fleisch! Diese soll Weib heißen, weil sie vom
Mann genommen ist."
[24] Darum wird der Mann seinen Vater und seine
Mutter verlassen und seinem Weibe anhangen,
und sie werden zu einem Fleisch. [25] Beide waren
nackt, der Mensch und sein Weib. Aber sie
schämten sich nicht voreinander.
3 [1] Die Schlange war listiger als alle Tiere des
Feldes, die Jahwe Gott gemacht hatte. Sie
sprach zu dem Weibe: „Hat Gott wirklich gesagt:
Ihr dürft nicht von allen Bäumen des Gartens es-
sen?" [2] Das Weib antwortete der Schlange: „Von
den Früchten der Bäume des Gartens dürfen wir
essen. [3] Nur von den Früchten des Baumes, der
mitten im Garten steht, hat Gott gesagt: Ihr sollt
nicht davon essen und nicht daran rühren, damit
ihr nicht sterbet." [4] Darauf sprach die Schlange zu
dem Weibe: „Keineswegs, ihr werdet nicht ster-
ben. [5] Vielmehr weiß Gott, daß an dem Tage, da
ihr davon esset, euch die Augen aufgehen und ihr
sein werdet wie Götter, die Gutes und Böses er-
kennen." [6] Das Weib sah, daß der Baum gut zu
essen wäre und lieblich anzusehen und begehrens-
wert, um Einsicht zu gewinnen. Und sie nahm von
seiner Frucht und aß und gab davon auch ihrem
Manne, der bei ihr war, und er aß. [7] Nun gingen
beiden die Augen auf, und sie erkannten, daß sie
nackt waren. Deshalb flochten sie Feigenblätter
zusammen und machten sich Schurze.
[8] Da vernahmen sie den Schritt Jahwes Gottes,
der sich beim Tagwind im Garten erging, und der
Mensch und sein Weib verbargen sich vor Jahwe
Gott unter den Bäumen des Gartens. [9] Jahwe Gott
aber rief dem Menschen zu und sprach zu ihm:
„Wo bist du?" [10] Er antwortete: „Ich vernahm
deinen Schritt im Garten; da fürchtete ich mich,
weil ich nackt bin, und verbarg mich." [11] Darauf
sprach er: „Wer hat dir kundgetan, daß du nackt
bist? Hast du von dem Baum gegessen, von dem zu
essen ich dir verboten habe?" [12] Der Mensch erwi-
derte: „Das Weib, das du mir beigesellt hast, gab
mir von dem Baum, und ich aß." [13] Da sprach
Jahwe Gott zu dem Weibe: „Was hast du da
getan?" Das Weib antwortete: „Die Schlange hat
mich verführt, und ich aß."
[14] Nun sprach Jahwe Gott zur Schlange: „Weil
du das getan hast, verflucht seist du unter allem
Vieh und unter allen Tieren des Feldes. Auf deinem
Bauche sollst du kriechen und Staub fressen alle
Tage deines Lebens. [15] Feindschaft will ich setzen
zwischen dir und dem Weibe, zwischen deinem
Sproß und ihrem Sproß. Er wird dir den Kopf zer-
malmen, und du wirst ihn an der Ferse treffen."
[16] Zum Weibe aber sprach er: „Überaus zahl-
reich werde ich die Beschwerden deiner Schwan-
gerschaft machen. Unter Schmerzen sollst du Kin-
der gebären. Nach deinem Mann wird dein
Verlangen sein, er aber wird über dich herrschen."
[17] Zu dem Menschen aber sagte er: „Weil du auf
die Stimme deines Weibes gehört und von dem
Baume gegessen hast, obwohl ich dir geboten hat-
te: Du sollst nicht von ihm essen, verflucht sei der
Erdboden um deinetwillen. Unter Mühsal sollst du
dich von ihm ernähren alle Tage deines Lebens.
[18] Dornen und Disteln soll er dir wachsen lassen.
Das Kraut des Feldes mußt du essen. [19] Im

Schweiße deines Angesichtes sollst du dein Brot
essen, bis du zum Erdboden zurückkehrst, von
dem du genommen bist. Denn Staub bist du, und
zum Staub mußt du zurückkehren."
20 Der Mensch gab seinem Weibe den Namen
Eva; denn sie wurde die Mutter aller Lebendigen.
21 Jahwe Gott aber machte dem Menschen und
seinem Weibe Kleider aus Fellen und bekleidete sie
damit. 22 Dann sprach Jahwe Gott: „Siehe, der
Mensch ist geworden wie einer von uns, so daß er
Gutes und Böses erkennt. Daß er nun aber nicht
seine Hand ausstrecke und auch von dem Baum
des Lebens nehme und esse und ewig lebe!"
23 Darum entfernte ihn Jahwe Gott aus dem Gar-
ten Eden, damit er den Erdboden bebaue, von dem
er genommen ist. 24 Und als er den Menschen ver-
trieben hatte, stellte er östlich von dem Garten
Eden die Kerube auf und das zuckende Flammen-
schwert, damit sie den Weg zum Baum des Lebens
bewachen.
4 1 Der Mensch erkannte sein Weib Eva. Sie
empfing und gebar Kain. Da sprach sie: „Ei-
nen Mann habe ich durch Jahwe erhalten." 2 Und
sie gebar nochmals, seinen Bruder Abel. Abel
wurde ein Schafhirt, Kain aber wurde ein Acker-
bauer.

Oben: „Die Erbsünde", Gemälde des venezianischen Meisters Jacopo Tintoretto (1518–1594). Eva ist durch die uns zugekehrte Vorderseite ihres Körpers, der in hellem, warmem Licht aufleuchtet, sogleich als die Aktivere der Verführungsszene zu erkennen. Mit sanftem, leicht melancholischem Gesichtsausdruck hält sie dem zurückweichenden Adam die verbotene Frucht hin. Accademia Venezia, Venedig.

Links: Bildausschnitt aus dem auf Holz mit Temperafarben gemalten Tafelbild des Sieneser Meisters Giovanni di Paolo (1400–1482). Der zartblaue Hintergrund, von dem sich die fruchtbehangenen Bäume und die Blumen des Wiesengrundes zierlich abheben, bringt die paradiesische Schönheit des Gartens Eden augenfällig zum Ausdruck. Der Engel, der Adam und Eva zu gehen drängt, scheint dem Menschenpaar freundlich gesinnt und gibt Adam wohl noch Ratschläge mit auf den Weg. Metropolitan Museum, New York.

Oben: Hand in Hand verlassen Adam und Eva den mit Blumen und Goldbäumen geschmückten Paradiesgarten, aus dem der Engel sie hinausgewiesen hat. Ihre Blöße haben sie mit dichtem Blätterschutz bedeckt. Die hinter ihnen kriechende Schlange trägt ihnen noch ein Feigenblatt nach. Diese Darstellung des 17. Jahrhunderts stammt aus dem Topkapi-Serail-Museum in Istanbul.

Die Mutter aller Lebendigen

Dorothee Sölle

Eva ist die „Mutter aller Lebendigen". Ihr Name wird auf das Wort „Leben" zurückgeführt und ist vermutlich älter als die biblische Erzählung. „Mutter aller Lebendigen" ist ein im Vorderen Orient gebräuchlicher Titel für die Urmutter; die Sumerer nannten sie „Inanna", die Babylonier „Tiamat", und in Ägypten wurde sie als „Isis" verehrt. Sie ist stark, sie ist schön, sie wird von Adam mit überschwenglichem Jubel begrüßt, sie bringt das Leben hervor; auch nach dem Mord an Abel will sie sich nicht von ihrem Sohn Kain trennen lassen, sie vertritt das lebensfreundliche Ethos.

Gott hat zwei Menschen geschaffen, die zusammen Gottes Ebenbild sind. Gott ist nur in zwei unterschiedenen Wesen gespiegelt. Differenz, Andersheit, Polarität der beiden Geschlechter waren „im Anfang" da, nicht eine androgyne Einheit, von der manche Kulturen träumen. Der erste Schöpfungsbericht feiert die Zweiheit der Menschen.

In Genesis 2 und 3, von einem anderen Verfasser geschrieben, wird die Geschichte vom Anfang anders erzählt: Gott formt und haucht, statt nur durch sein Wort zu schaffen, die Frau wird vom Mann abgeleitet, aus der Rippe ist sie entstanden, als gelte der Satz vom gleichen Ursprung – „Als Mann und Frau schuf er sie" – nicht mehr. In dieser zweiten Erzählung ist es die Frau, die Erkenntnis will, statt in der Unschuld des Paradieses zu bleiben. Eva, vom Mann erst benannt, darin ganz wie die Tiere, denen Adam den Namen gibt, ist als die andere die treibende Kraft der Veränderung.

Die Ur-Geschichte bringt einen frauen-feindlichen Beigeschmack mit, der aber erst später, in der patriarchalen Auslegung zur Hauptsache avanciert. Es gibt, in der Christentumsgeschichte stärker ausgeprägt als im Judentum, eine Beleidigungstradition gegen Frauen, deren wichtigste Symbole die Rippe und der Apfel sind. Sie sind benutzt worden, um die physische, intellektuelle und sittliche Minderwertigkeit der Frau zu begründen. Von der Rippe – zur Hexe – zur „Emanze", das ist eine Entwicklungslinie: Frauen sind nur ein Teil, nicht ein Ganzes, das „zweite Geschlecht", nicht das erste, also „nach und unter dem Mann", wie es selbst ein Theologe wie Karl Barth in diesem Jahrhundert noch ausgedrückt hat. Adam spricht, die Frau schweigt und wird bejubelt. Ihre Identität gewinnt sie vom und durch den Mann, so wie Frauen in vielen Kulturen den Namen des Mannes annehmen müssen und selber keinen Namen haben.

Eva ist nicht nur zweitrangig, weil sie erst später aus der Rippe des Mannes entstanden sein soll, sondern auch, weil sie mit der Schlange im Bunde war, vom Baum der Erkenntnis des Guten und Bösen gegessen hat und so Ursache der Vertreibung aus dem Paradies wurde. In diesem Teil der Urgeschichte ist Eva nicht mehr stummer Teil des Mannes, ein Objekt seiner Bewunderung, vielmehr geht alles Entscheidende von ihr aus. Eva agiert, sie disputiert (zum gesammelten Ärger aller männlichen Theologen!) mit der Schlange, sie lernt etwas aus diesem Disput, nämlich, daß Menschen nicht durch Erkenntnis sterben. In ihrer ungebrochenen Neugier entdeckt Eva Dinge, die das Leben verändern. „Das Weib sah, daß der Baum gut war zum Essen", daß er eine Wollust für die Augen war und begehrenswert, um Einsicht zu gewinnen. Essen, Ästhetik und Erkenntnis im intellektuellen wie im sexuellen Sinn des Wortes gehören zusammen. Jetzt erst, nachdem das Paar von der Frucht gekostet hat, gehen ihnen die Augen auf.

Friedrich Schiller hat den Sündenfall als den glücklichsten Moment der Weltgeschichte verstanden. Die Wörter „Sünde" und „Fall" erscheinen im biblischen Text nicht, wohl aber das Wort „vertreiben".

Austreibung ist eine Phase des Gebärens: die Frucht wird ausgetrieben aus dem Mutterleib, in dem alles mühelos da war, Atmung und Nahrung von selbst gegeben waren. Aber jetzt beginnt das Leben, die Arbeit, die Mühe und die Sexualität.

Adam und Eva verlassen den Garten und kommen heraus in die Kälte und Härte des Lebens. Sie entdecken sich selber, sie finden die Freude des Lernens, das Glück des Schönen und die Erkenntnis. Ohne Eva säßen wir alle noch immer in träumender Unschuld unter den Bäumen. Unsere Situation ist, daß wir vom Baum der Erkenntnis gegessen haben, den Baum des Lebens aber nicht erreichen können. Das schildert der biblische Mythos durch die Verfluchungen, die das erste Paar treffen. Sie erklären, warum das Leben so mühselig und schmerzlich ist: Fluch, Feindschaft, Schmerzen, Herrschaft, Kummer, Schweiß sind die wichtigsten Wörter. Adam wird lebenslänglich bestraft, weil er auf die Initiative Evas einging. Eva wird doppelt bestraft, einmal durch die Arbeit, sodann durch die Schmerzen beim Gebären und die Unterwerfung unter den Mann.

Arbeit und Sexualität, die wichtigsten Lebensäußerungen des erwachsenen Menschen, werden als Fluch beschrieben und negativ besetzt. Innerhalb einer christlichen Tradition, die eher die unterdrückenden Elemente hervorgehoben hat, sind diese Flüche dann zum ewigen Schicksal hochstilisiert worden, als seien die Disteln auf dem Acker, die Schmerzen beim Kinderkriegen und die Unterwerfung des einen Teils der Menschheit unter den anderen notwendig und unabänderlich. Aber es sind nicht „Schöpfungsordnungen", von denen der strafende Gott spricht, eher ihr Gegenteil, Verfluchungen, die gerade den Abstand zur guten Schöpfung deutlich machen und ein realistisches Bild der bäuerlichen Realität Palästinas zeigen. „Im Anfang" war nicht die Feindschaft zwischen Natur und den Menschen und nicht die sinnlose Plackerei der Arbeit ohne Glück. Eva und Adam sollten den Garten „hüten und bewahren", sie sollten miteinander Ikone Gottes sein und nicht herrschen, unterwerfen und zwingen. Eva war, von der Erschaffung her gedacht, nicht das „Gefäß der Sünde", zu dem die Kirchenväter sie machten, sondern die Mutter der Lebendigen. Das Christentum hat Eva und Maria einander zugeordnet, die eine durch die andere ergänzt. Es hat sein Unrecht an Eva durch Maria wiedergutzumachen versucht. Es gibt Frauen, die den Doppelnamen „Evamaria" tragen, vielleicht um uns zu erinnern, daß Lust an der Erkenntnis und der Wunsch, ein eigener Mensch zu werden, die Fähigkeit zur Hingabe des Ichs nicht zerstören. Wir müssen nicht wählen zwischen dem sanften Mädchen Maria und der Grenzen nicht anerkennenden Frau vom Anfang, Eva. Wir können beide sein.

Rechts: Der Originaltitel dieses Gemäldes von George Frederick Watts (1817–1904) lautet „She shall be called woman" (Sie soll Frau genannt werden). Es handelt sich um Eva, die Urfrau, die der Künstler mit goldenem Haar darstellt, umgeben von Blumen und schöngefiederten Vögeln, als Quelle aller Lebensfreuden. Er selbst äußerte sich zu dieser Darstellung: „In der erhabenen Majestät der Unschuld vertritt Eva den Typus alles dessen, was für die gesamte Menschheit erhofft werden kann."
Tate Gallery, London.

Jenes Apfels
leichtsinnig augenblicklicher Genuß hat aller Welt
unendlich Weh verschuldet.

Goethe

Oben: Die mit einem gekrönten Frauenhaupt versehene Schlange hat Adam und Eva verführt, Früchte vom Baum der Erkenntnis zu essen.
Detail einer Illustration aus dem 1459/62 entstandenen Bibelkommentar des Nikolaus von Lyra.

Links: Sinnend betrachtet Eva den Apfel, den sie mit drei Fingern wie ein zerbrechliches Objekt vor sich hält.
Ausschnitt aus dem in Grisaille gemalten rechten Außenflügel eines Triptychonaltares von Hans Memling (1433–1494).
Kunsthistorisches Museum, Wien.

Gegenüber: „Adam und Eva" von Jacopo Tintoretto (1518–1594). Hier ist der schöne Körper der Eva in sattem Licht und Adam mit gebogenem Rücken zu sehen, vom Betrachter abgewendet. Adam hält geradezu gierig Evas Handgelenk umspannt, damit sie ihm die Frucht freigibt. Eva weicht zurück, erschreckt von dem Ungestüm des Mannes.
Scuola di San Rocco, Venedig.

Deckengemälde in der Sixtinischen Kapelle von Michelangelo (1475–1564), den „Sündenfall und die Vertreibung aus dem Paradies“ darstellend. Links vom Baum der Erkenntnis wird Adam nicht von Eva zum Essen der verbotenen Frucht verführt, sondern er greift selber begierig in den Feigenbaum. Eva liegt lässig am Boden und wendet sich nur der mit einem Frauenkörper ausgestatteten Schlange zu, als diese ihr von oben eine Feige in die ausgestreckte Hand fallen läßt. Rechts vom Baum der Erkenntnis ist dargestellt, wie das sündig gewordene erste Menschenpaar vom Engel mit dem Schwert

aus dem Paradies gewiesen wird. Adam hebt beim eiligen Fortgehen abwehrend den Arm gegen den zürnenden Engel, während Eva sich angstvoll duckt und scheu zurückblickt.

Antike und mittelalterliche Quellen

Joe H. Kirchberger

Eva, die Stamm-Mutter der Menschheit, ist schon in vorchristlicher Zeit von der Legende umsponnen worden, zunächst natürlich im jüdischen Schrifttum. Allerdings wird sie nicht in den Mittelpunkt der Legenden gestellt, sondern wird stets im Zusammenhang mit anderen Gestalten genannt: vor allem mit Adam, dann auch mit der Schlange, die oft mit Satan identifiziert wird, und ferner mit der mysteriösen Lilit, die Adams erste Frau gewesen sein soll.

In der jüdischen Legende ist Adam der ideale Mensch, die Welt wurde für ihn geschaffen. Ihn hat Gott mit seinen eigenen Händen hervorgebracht, nicht, wie alle anderen Wesen, durch das Wort. Sein Körper ist Spiegel der ganzen Welt: Sein Haar gleicht den Wäldern, seine Tränen einem Fluß, sein Mund dem Ozean, und wie der Ozean die Erde umfließt, so umgibt das Weiße seiner Augen die Iris. Gott nahm Staub von allen vier Enden der Welt, um Adam zu schaffen. Daher wird er, wenn er stirbt, immer in die Erde zurückkehren, aus der er entsprang. Nur einzelne seiner Eigenschaften wurden auf einige seiner Nachkommen weitervererbt: Simson hatte seine Stärke, Absalom sein Haar, Saul seinen Nacken – aber gerade diese Eigenschaften gerieten ihren Trägern zum Unheil.

Er ist irdisch, denn er ißt und trinkt. Er scheidet seinen Unrat ab und vermehrt sich wie die Tiere. Er ist aber auch ein Engel, denn er kann sprechen, denken, aufrecht gehen, und er schaut hinauf zum Himmel. Die Engel der Liebe befürworteten seine Erschaffung, aber die Engel der Wahrheit sprachen dagegen: denn er würde voller Lügen und streitsüchtig sein. Diese widerspenstigen Engelsgruppen vernichtete Gott, mit Ausnahme ihrer Führer Michael und Gabriel. Eine dritte Gruppe, unter Labbiel, fügte sich, und darum wurde Labbiel von nun an von Gott Raphael, der Retter, genannt.

Satan, der größte und schönste Engel – er hat zwölf Flügel, die andern Engel nur sechs –, wurde eifersüchtig auf Adam, aber da er nicht, wie Adam, die Tiere bei ihrem rechten Namen nennen konnte, schleuderte ihn Gott hinunter auf die Erde. Seitdem ist Feindschaft zwischen ihm und den Menschen.

Als die Engel Adam sahen, waren sie bereit, ihn anzubeten, bis Gott ihn in Schlaf versenkte und sie sahen, daß er nur ein Mensch war. Zuerst gab er ihm Lilit zur Frau – so wurde die Erzählung im ersten Kapitel der Genesis interpretiert. Sie war aus Staub gemacht wie er und hielt sich deshalb für ebenbürtig. Aber Adam betrachtete sich als ihr Herr, da er zuerst geschaffen worden war. So entstand Zank zwischen ihnen, und nach kurzer Zeit verschwand Lilit in den Lüften. Als Adam sich beschwerte, sandte Gott drei Engel aus, sie zurückzuholen; schließlich fanden sie sie im Roten Meer. Doch weigerte Lilit sich, zurückzukehren. Sie wurde deshalb von Gott bestraft: hundert ihrer Dämonen-Kinder wird sie nun täglich verlieren. Seitdem rächt sie sich an Kindern, die aber durch ein Amulett geschützt werden können, auf denen die Namen der drei Engel angegeben sind, die sie einfingen. Lilit lebt ebenfalls weiter als ein Dämon, der Männer durch ihre schönen Haare verführt. So die Legende.

Die Gestalt der Lilit geht auf babylonisch-assyrische, vielleicht noch ältere, sumerische Quellen zurück. Erst im Talmud, der zwischen dem 2. und 5. Jahrhundert n. Chr. entstand, wird sie als Adams erste Frau bezeichnet. In der Bibel selbst wird sie nur einmal erwähnt, in Jesaja 34,14, als eine der Kreaturen, die das verwüstete Land Edom bewohnen werden. Luther übersetzt ungenau mit „Kobold“, in der englischen King-James-Übersetzung heißt sie screech-owl (Schleiereule), die neuere amerikanische Übersetzung von 1901 nennt sie ein night-monster. Die talmudische Idee, sie zu Adams erster Frau zu machen, beruft sich darauf, daß die Erschaffung des ersten Menschenpaares in den beiden ersten Kapiteln der Bibel etwas widersprüchlich dargestellt wird: Im ersten Kapitel werden Mann und Frau von Gott gleichzeitig in derselben Weise erschaffen, im zweiten ist Adam, nach dem Ruhetage Gottes zuerst allein, dann wird Eva aus seiner Rippe geschaffen, damit er eine Gefährtin habe.

Nach der jüdischen Tradition ist Eva dem Adam nicht ebenbürtig, denn sie wurde aus seinem Körper geschaffen: Nicht aus seinem Kopf, damit sie nicht stolz werde; nicht aus seinem Auge, damit sie nicht lüsterne Blicke um sich werfe; nicht aus seinem Ohr, damit sie keine Horcherin würde; nicht von seinem Mund, damit sie keine Schwätzerin würde, und nicht von seinem Fuß, damit sie nicht umherschweife. Sondern von einem keuschen Teil seines Leibes; und da Gott sie formte, sprach er zu jedem Glied: Sei keusch, sei keusch!

Nicht aus seinem Kopf, damit sie nicht stolz werde; nicht aus seinem Auge, damit sie nicht lüsterne Blicke um sich werfe; nicht aus seinem Ohr, damit sie keine Horcherin würde; nicht von seinem Mund, damit sie keine Schwätzerin würde, und nicht von seinem Fuß, damit sie nicht umherschweife. Sondern von einem keuschen Teil seines Leibes.

Jüdische Legende

Links: Dieses Gemälde, betitelt als „Eve tempted", gehört zu einer Eva-Trilogie von Watts. Sie endet mit Evas Reue. Hier zeigt Watts, wie Eva, einen Panther zu Füßen, sich am Duft eines Blütenstrauches berauscht und, von der Schlange angesprochen, den Kopf nach oben wendet, um den sie betörenden Einflüsterungen zu lauschen. Tate Gallery, London.

Seite 27: Der englische Maler Dante Gabriel Rossetti (1828–1882) malte viele Frauenporträts, denen er in Erinnerung an seine geliebte Frau, die er nach nur zwei Ehejahren verloren hatte, eine sinnlich-mystische Note verlieh. Das „Lady Lilith" betitelte Bild der Dame mit dem herrlichen Haar ist eine Neudeutung der vorbiblischen Lilit. Für Rossetti ist Lilit kein böser Dämon, sondern die Urfrau, in der sich irdische und himmlische Liebe vereint hat. Metropolitan Museum, New York.

Trotz dieser Vorsicht hat die Frau viele der Eigenschaften erhalten, die Gott ihr nicht geben wollte: Manche Frau ist stolz, Sara lauschte, Rachel beneidete die Lea, und Eva griff nach der verbotenen Frucht.

Gott ließ Adam in Schlaf verfallen, denn sonst hätte er Eva nicht lieben können; Männer lieben keine Frauen, die sie von Jugend an kennen. Als aber Adam erwachte und Eva sah, sagte er: „Sie ist es, die mein Herz in vielen Nächten klopfen machte." Weil sie aus seinem Fleisch geschaffen wurde, bedarf sie des Parfüms, so wie das Fleisch zu seiner Erhaltung Salz benötigt. Andrerseits ist die Frau nicht so schnell besänftigt wie der Mann, denn ein paar Tropfen Wasser genügen, die Erde aufzuweichen, während ein Knochen, in Wasser getaucht, viele Tage lang hart bleibt.

Eva nannte Adam ihren Herrn. Ihre Hochzeit wurde mit einmaligem Pomp gefeiert. Gott selbst führte Eva im Tanze zu Adam, schmückte sie und segnete das Paar, während die Engel tanzten. Adam nannte sie Ishah und sich selbst Ish. Und von nun an brachten die Engel dem Paar Speise und Trank.

Sobald Eva die verbotene Frucht – von einem Apfel ist in der Bibel nicht die Rede – gegessen hatte, sah sie den Todesengel vor sich und erwartete ihr Ende. Da überredete sie Adam, ebenfalls von der Frucht zu essen, denn sie befürchtete, er werde nach ihrem Tod eine andere Frau zum Weibe nehmen. Danach gab sie die Frucht auch allen Tieren und machte sie auf diese Weise sterblich. Nur der Vogel Malham weigerte sich und lebt daher auf Ewigkeit im Paradies.

Anfangs waren Adams und Evas Körper mit einer Hornhaut bedeckt, die fiel nun von ihnen ab, und der Glorienschein, der sie umgeben hatte, verschwand. Und da sie sich ihrer Nacktheit schämten, suchten sie ihre Blößen mit Zweigen zu decken, aber alle Bäume verweigerten ihnen ihre Zweige, nur der Feigenbaum nicht – denn die verbotene Frucht war eine Feige gewesen.

Die Engel erwarteten, daß das Menschenpaar nach dem Sündenfall sterben werde, aber Gott erklärte ihnen: „Ich habe gesagt, daß sie an dem Tage sterben werden, an dem sie die verbotene Frucht essen würden. Aber ich meinte meine Art von Tag, und der währt tausend Jahre." – Darum wurden in den ersten Generationen einige Menschen über 900, aber niemand über tausend Jahre alt.

Als Gott Adam nach dem Sündenfall zur Rede stellte, beschuldigte Adam Eva. Nur weil sich beide nicht schuldig bekannten, wurden sie bestraft, sonst hätte Gott ihnen verziehen. Die Schlange dagegen wurde ohne Verhör bestraft: Ihr wurden Hände und Füße abgehackt, so daß sie von Stund an auf dem Bauche kriechen mußte. Denn Gott wußte, daß sie Eva nur deshalb verführt hatte, damit auch Adam sterben sollte: Sie wollte nach dem Tod Adams Eva heiraten. Auch die Erde wurde bestraft, indem Gott sie vom Regen abhängig machte. Und schließlich wurde auch der Mond bestraft, denn als alle Engel und die Sonne mit Adam und Eva über ihre Bestrafung weinten, hatte er gelacht. Nun wurde sein Licht geschwächt, und er muß monatlich abnehmen und verschwinden, ehe er sich erneuern kann.

Nach ihrer Vertreibung bauten Adam und Eva eine Hütte und saßen darin, weinend und klagend, sieben Tage lang. Dann gingen sie, nach Nahrung zu suchen, und fanden keine. Darauf taten sie Buße: Adam hieß Eva, 37 Tage lang im Tigris zu stehen, und er selbst stellte sich in den Jordan. Aber nach 18 Tagen überredete Satan die Eva, ihre Buße aufzugeben, gestand ihr auch, daß seine Eifersucht auf Adam Evas Fall verursacht hatte.

Als Adam 930 Jahre alt war, wurde er krank, und Eva bat ihn unter Tränen, ihr die Hälfte seiner Krankheit abzugeben. Sie und ihr dritter Sohn, Set, wanderten dann zu den Pforten des Paradieses und baten Gott um das Öl der Barmherzigkeit, das ihnen aber verweigert wurde. Gott versprach ihnen aber, daß in Zukunft das Öl den Frommen – aber nur ihnen – nach ihrer Auferstehung zuteil werden würde.

Nach Adams Tod weinte Eva und bat Gott, sie nicht von Adams Leib zu trennen, aus dem sie entstanden war. Er erhörte sie und ließ sie ebenfalls sterben. Ein Erzengel stieg hernieder und wies Set an, wie er Eva zu begraben hätte.

Sie starb sechs Tage nach Adam. Vor ihrem Tod riet sie ihren Kindern, die Geschichte der ersten Menschen auf Stein aufzuzeichnen.

Alle diese Ausschmückungen des Bibeltextes gehen noch auf das vorchristliche, jüdische Schrifttum zurück. Das jüdische Adambuch aus dieser Zeit wurde in viele orientalische Sprachen übersetzt und weiterverarbeitet. In einigen dieser Versionen ist der ursprüngliche Adam riesig, er reichte von der Erde bis zum Himmel, und sein Kopf war riesengroß. Erst nach dem Sündenfall wurde er klein. Überhaupt wird die Geschichte der Menschheit seit Adam und Eva als Abstieg dargestellt. Nach dem Midrasch, der jüdischen Auslegung der heiligen Schriften, hatte Adam ursprünglich einen Schwanz; den nahm Gott ihm ab, um ihn zu ehren. Adam galt auch als zauberkundig und soll bei Noachs Geburt das Horoskop gestellt haben. Die jüdische Sage schreibt ihm ein „Buch der Zeiten", ein „Buch der Sternkunde" und andere Schriften zu, die er seinem Sohn Set

Mephisto zu Faust in der Walpurgisnacht: „Lilith ist das, Adams erste Frau. Nimm dich in acht vor ihren schönen Haaren. Wenn sie damit den jungen Mann erlangt, so läßt sie ihn sobald nicht wieder fahren."

Goethe, Faust I

Oben: Jacopo Bassano (1510–1592), ein Meister der venezianischen Spätrenaissance, liebte bäuerliche Genreszenen. Dieses Bild zeigt Adam und Eva als Bauersleute. Das Menschenpaar hat sich im irdischen Dasein eingerichtet und schaut ganz zufrieden drein. Einzig der Totenkopf rechts unten im Bild erinnert an ihren Sündenfall, durch den sie sterblich geworden sind.
Galleria Palatina, Florenz.

Gegenüber: Brustbild Evas von Duncan Grant. Als diese archaisch wirkende Darstellung Evas 1913 entstand, durchlebte der Künstler eine Periode, in der er mittelalterliche und allermodernste Stilelemente verknüpfte. Der Kopf dieser Eva mit den riesigen, frontal auf den Betrachter gerichteten Augen und den erhobenen Armen läßt an Ikonenmalerei denken. Der überlang gestreckte Hals erinnert an Modiglianis Malweise. Die Bekleidung Evas lediglich mit einem von der Stirne den Rücken herabhängenden Schleier geht auf Picassos Bild „Die Nackte mit Schleier" zurück, das Grant als sein Lieblingsbild von Picasso erklärte. Trotz dieses Stilgemischs ist Duncan Grant ein großartiges, überzeugendes Bild der Eva gelungen.
Tate Gallery, London.

vermachte. Nach einer jüngeren jüdischen Sage wurden Adam und Eva nach ihrem Tode in den Mond versetzt. Noch jetzt schreien alle neugeborenen Knaben, wenn sie auf die Welt kommen, „A" für Adam, die Mädchen dagegen „E" für Eva.

Im Talmud findet sich auch die Vorstellung, daß der erste Mensch androgyn, zweigeschlechtlich, war, zwei Gesichter hatte und dann von Gott auseinandergesägt wurde, eine Idee, die sich auch in anderen Kulturen findet und z.B. in Platos „Gastmahl" erwähnt wird. Auch soll sich Adam nach dem Sündenfall 130 Jahre lang von seinem Weib ferngehalten haben. In dieser Zeit nahm er als Buße von seinem Leibe den Gurt von Feigenblättern nicht ab. Aus seinen Reuetränen entstanden die Flüsse Euphrat und Tigris, aus denen der Eva wurden Perlen.

Die frühmittelalterliche christliche Legende zeigt ebenfalls sehr widersprüchliche Tendenzen. Einerseits wird Eva, die Sünderin, die

Eva: „Wenn einer von uns als erster gehen muß, bitte ich den Himmel, daß ich es sei. Er ist stark, ich bin schwach; er ist mir notwendiger als ich ihm; ohne ihn wäre das Leben kein Leben mehr; wie würde ich es ertragen können? Dieses Gebet hat Ewigkeitsbestand: solange meine weibliche Nachkommenschaft leben wird, so lange wird es nicht aufhören, Geltung zu haben. Ich bin die erste Ehefrau; und bis zur letzten wird man mich in ihr finden."
Adam: letzte Eintragung nach Evas Tod: „Überall wo sie war, befand sich das Paradies."

Aus „Tagebücher von Adam und Eva", Mark Twain

das Elend der Menschheit verschuldet hat, verächtlich gemacht: Sie soll aus einem Hunde- oder Affenschwanz geschaffen worden sein – so noch in einem Gedicht von Hans Sachs aus dem Jahre 1557. Andrerseits wird die Geschichte des Sündenfalls immer mehr mit dem Motiv der Erlösung durch Christus verknüpft: So schon im sogenannten „Ezzolied", geschrieben um 1065 von einem Bamberger Priester. In der vielgelesenen Legenda Aurea (Goldene Legende) des Jacobus de Voragine, Erzbischof von Genua (um 1290), die die mittelalterliche Literatur stark beeinflußte, wie auch in der „Legende vom Heiligen Kreuz" des Heinrich von Freiberg und im „Kreuzleich" des Minnesängers Frauenlob (Heinrich von Meißen) stammt das Holz des Kreuzes Christi vom Baum der Erkenntnis. Adam wird zum Gegenspieler von Jesus, Eva die Gegenspielerin Marias. Die widersprüchlichen Tendenzen zeigen sich besonders klar in der anglo-normannischen „Repraesentatio Adae" des 12. Jahrhunderts, in der Adam und Abel selbst das Kommen des Erlösers ankündigen, zum Schluß aber von Teufeln in die Hölle geschleppt werden. Nach der Goldenen Legende fand der Sündenfall an einem Freitag in der sechsten Stunde statt, also der Stunde der Kreuzigung Christi. Durch diese Verknüpfung mit der Erlösungsgeschichte werden Adam und Eva mehr und mehr entlastet, die Schuld am Elend der Menschheit statt dessen dem Teufel zugeschrieben.

Im Koran, dem heiligen Buch des Islam, das kurz nach dem Tode seines Gründers Mohammed (632 A.D.) zusammengestellt wurde, wird in der zweiten Sure die Geschichte des Paradieses kurz wiedererzählt, Eva aber kaum erwähnt. Gott (Allah) lehrt Adam die Namen der Tiere und gebietet den Engeln, vor Adam niederzufallen. Sie tun es, nicht aber Iblis – wohl eine Korrumption von Diabolus –, der ein Ungläubiger ist. Und Iblis ist es, der das Paar aus dem Paradies vertreibt.

Sara und Hagar

Buch Genesis:
Kapitel 12, Vers 1–3.10–20;
Kapitel 15, Vers 1–6; Kapitel 16, Vers 1–16;
Kapitel 17, Vers 15–22; Kapitel 18, Vers 1–16;
Kapitel 20, Vers 1–18; Kapitel 21, Vers 1–21;
Kapitel 23, Vers 1–2.12–20

Erst mit Abraham, ursprünglich Abram geheißen, beginnt die eigentliche Geschichte des Volkes Israel. Er ist, wie im 11. Kapitel des ersten Buches Mose (Genesis) erklärt wird, ein Nachkomme Sems, in der siebenten Generation, ein Sohn Terachs. Seine Brüder heißen Nachor und Haran. Lot, Sohn Harans und Neffe Abrams, wird zu dessen Gefährten, als sie auf Gottes Geheiß Ur in Chaldäa verlassen und in das Land Kanaan ziehen.

Gegenüber: Der ägyptische Pharao hatte durch Grenzzöllner von der Schönheit Saras vernommen und sie vor seinen Thron bringen lassen. Sie steht hinter Abraham, ihrem Mann, der sich aber für ihren Bruder ausgibt. Er befürchtete, erschlagen zu werden, wenn bekannt werde, daß er Saras Mann sei, um dann frei über sie verfügen zu können. Als ihr Bruder aber wurde er vom Pharao freundlich behandelt und sogar beschenkt.
Bildausschnitt aus dem Oktateuch, byzantinisch, 12. Jahrhundert, Tempera auf Pergament. Biblioteca Apostolica Vaticana, Vatikan.

Jahwe sprach zu Abram: „Ziehe fort aus dei-
nem Land, aus deiner Verwandtschaft und aus
deinem Vaterhaus in das Land, das ich dir zeigen
werde! 2 Ich will dich zu einem großen Volke ma-
chen. Ich will dich segnen und deinen Namen groß
machen, und du sollst ein Segen sein. 3 Ich werde
segnen, die dich segnen, und die dich verwün-
schen, werde ich verfluchen! Durch dich sollen
gesegnet sein alle Geschlechter der Erde."
10 Als eine Hungersnot im Lande ausbrach, zog
Abram nach Ägypten hinab, um dort (als Fremd-
ling) zu weilen. Denn die Hungersnot lastete
schwer auf dem Lande. 11 Da er sich Ägypten
näherte, sprach er zu seiner Frau Sarai:
„Ich weiß wohl, daß du eine schöne Frau bist.
12 Wenn nun die Ägypter dich sehen, werden sie
denken: ‚Das ist seine Frau.' Sie werden mich
töten, dich aber am Leben lassen. 13 Sag doch, du
seist meine Schwester, damit es mir um deinetwil-
len gut gehe und ich um deinetwillen am Leben
bleibe." 14 Als nun Abram nach Ägypten kam, sa-
hen die Ägypter, daß die Frau sehr schön war. 15 Es
sahen sie auch hohe Hofbeamte des Pharao und
rühmten sie dem Pharao. Da wurde die Frau in
den Palast des Pharao gebracht. 16 Abram aber tat
er um ihretwillen Gutes. Es wurden ihm Schafe
und Rinder, Esel, Knechte und Mägde, Eselinnen
und Kamele geschenkt. 17 Jahwe aber schlug den
Pharao und auch sein Haus wegen Sarai, der Frau
Abrams, mit schweren Plagen. 18 Da ließ der Pha-
rao Abram rufen und sprach: „Was hast du mir
angetan? Warum hast du mir nicht mitgeteilt, daß
sie deine Frau ist? 19 Warum hast du gesagt: ‚Sie ist
meine Schwester', so daß ich sie mir zur Frau
nahm? Nun, da hast du deine Frau, nimm sie und
geh!" 20 Darauf beauftragte der Pharao Männer,
die ihn und seine Frau und alle seine Habe
zurückbrachten.
15 1 Nach diesen Ereignissen erging in einem
Gesicht das Wort Jahwes an Abram:
„Fürchte dich nicht, Abram! Ich bin dein Schild;
dein Lohn soll sehr groß sein."
2 Da sprach Abram: „Mein Herr, Jahwe, was
kannst du mir geben, da ich kinderlos dahin-
gehe ..." 3 Und Abram sprach: „Siehe, du hast mir
keinen Nachkommen gegeben; so wird nun mein
leibeigener Knecht mein Erbe sein." 4 Da erging
das Wort Jahwes an ihn: „Nicht dieser wird dein
Erbe sein, sondern der deinem Leibe entstammt,
der wird dein Erbe sein." 5 Und er führte ihn
hinaus und sprach: „Schaue hinauf zum Himmel
und zähle die Sterne, wenn du sie zählen kannst!"
Dann sagte er zu ihm: „So wird deine Nachkom-
menschaft sein." 6 Er glaubte Jahwe, und der
rechnete es ihm zur Gerechtigkeit an.

16 [1] Sarai, die Frau Abrams, hatte ihm kein
Kind geboren; sie besaß aber eine ägypti-
sche Magd mit Namen Hagar. [2] Da sprach Sarai zu
Abram: „Siehe, Jahwe hat mir Kinder versagt.
Wohne meiner Magd bei! Vielleicht werde ich
durch sie zu Kindern kommen." Abram hörte auf
den Vorschlag Sarais.
[3] So nahm denn Sarai, die Frau Abrams, ihre
ägyptische Magd Hagar, nachdem Abram schon
zehn Jahre in Kanaan gewohnt hatte, und gab sie
ihrem Manne Abram zur Frau. [4] Er wohnte Hagar
bei, und sie empfing. Als diese aber merkte, daß sie
empfangen hatte, da wurde ihre Herrin gering in
ihren Augen. [5] Und es sagte Sarai zu Abram: „Das
mir zugefügte Unrecht fällt auf dich zurück. Ich
habe dir meine Magd übergeben. Nun aber, da sie
merkt, daß sie empfangen hat, bin ich in ihren
Augen gering geworden. Jahwe möge Richter sein
zwischen dir und mir." [6] Darauf sagte Abram zu
Sarai: „Deine Magd ist in deiner Hand. Tue mit
ihr, was dir gefällt!" Nun behandelte Sarai sie
hart, so daß sie ihr entfloh.
[7] Der Engel Jahwes fand sie an einer Wasser-
quelle in der Wüste, an der Quelle auf dem Wege
nach Schur. [8] Er sprach: „Hagar, Magd Sarais,
woher kommst du und wohin gehst du?" Sie ant-
wortete: „Vor Sarai, meiner Herrin, bin ich auf der
Flucht." [9] Da sprach der Engel Jahwes zu ihr:
„Kehre wieder zu deiner Herrin zurück und beuge
dich unter ihre Gewalt." [10] Der Engel Jahwes
sprach zu ihr: „Ich will deine Nachkommen so
zahlreich machen, daß man sie vor Menge nicht
wird zählen können." [11] Ferner sprach der Engel
Jahwes zu ihr: „Siehe, du hast empfangen und
wirst einen Sohn gebären; ihn sollst du Ismael
nennen, denn Jahwe hat auf deine Not gehört.
[12] Er wird ein Wildeselmensch sein. Seine Hand
wird gegen alle sein, und die Hand aller gegen ihn;
vor aller seiner Brüder Angesicht wird er sich nie-
derlassen."

13 Da nannte sie den Namen Jahwes, der mit ihr
geredet hatte: „Du bist El Roi“; denn sie sagte:
„Habe ich hier nach dem geschaut, der nach mir
schaut?“ 14 Darum nannte man diesen Brunnen
den Brunnen von Lachai-Roi. Er liegt zwischen
Kadesch und Bared. 15 Hagar gebar Abram einen
Sohn, und Abram nannte seinen Sohn, den ihm
Hagar geboren hatte, Ismael. 16 Abram war sechs-
undachtzig Jahre alt, als Hagar dem Abram Ismael
gebar.
17 15 Weiter sprach Gott zu Abraham: „Dei-
ne Frau Sarai sollst du nicht mehr Sarai
heißen, sondern Sara soll ihr Name sein. 16 Ich will
sie segnen und dir aus ihr einen Sohn schenken.
Segnen will ich sie, daß sie zu Völkern werde;
Könige von Völkern werden von ihr abstammen.“
17 Da fiel Abraham auf sein Angesicht und lachte.
Denn er dachte bei sich: „Einem Hundertjährigen
soll noch geboren werden? Und Sara, die Neun-
zigjährige, soll noch gebären?“ 18 Darum sagte
Abraham zu Gott: „Möchte doch Ismael vor dir
leben!“ 19 Gott aber sprach: „Nicht so! Sara, deine
Frau, schenkt dir einen Sohn, und du sollst ihm
den Namen Isaak geben! Ich werde meinen Bund
mit ihm aufrichten zum ewigen Bund, auf daß ich
ihm und seinen Nachkommen nach ihm Gott sein
werde. 20 Aber auch wegen Ismael erhöre ich dich.
Siehe, ich segne ihn und lasse ihn fruchtbar werden
und mache ihn zahlreich, überaus zahlreich.
Zwölf Fürsten wird er erzeugen, und ich mache
ihn zu einem großen Volk. 21 Meinen Bund aber
richte ich mit Isaak auf, den dir Sara nächstes Jahr
um diese Zeit gebären wird.“ 22 Als Gott aufgehört
hatte, mit Abraham zu reden, fuhr er vor ihm auf.
18 1 Jahwe erschien ihm bei der Terebinthe
Mamres, als er um die heiße Tageszeit am
Eingang des Zeltes saß. 2 Er erhob seine Augen,
und siehe, da standen drei Männer vor ihm. Sowie
er sie sah, eilte er vom Eingang des Zeltes ihnen
entgegen, verneigte sich bis zur Erde 3 und sagte:
„Mein Herr, wenn ich in deinen Augen Gnade ge-
funden habe, dann gehe an deinem Knecht nicht
vorüber. 4 Man bringe etwas Wasser, dann wascht
eure Füße, legt euch unter den Baum. 5 Ich hole
unterdessen einen Bissen Brot, damit ihr euch
stärkt; dann mögt ihr weitergehen. Denn dazu seid
ihr doch bei eurem Knecht vorübergekommen.“
Sie sprachen: „Tue, wie du gesagt hast!“ 6 Nun
eilte Abraham in das Zelt zu Sara und sprach:
„Nimm rasch drei Maß Mehl, Feinmehl, knete und
backe Kuchen!“ 7 Darauf lief Abraham zu den
Rindern, nahm ein zartes und kräftiges Kalb und
übergab es dem Knecht, damit er es eilends zube-
reite. 8 Dann holte er Butter und Milch und das
zubereitete Kalb und setzte es ihnen vor. Während
sie aßen, stand er vor ihnen unter dem Baum.

Oben: Illustration aus dem anfangs des
14. Jahrhunderts entstandenen Königin-Mary's-Psalter.
Oben: Verheißung Gottes an Abraham: „Ich mache dich
überaus fruchtbar und lasse dich zu Völkern werden,
und Könige werden aus dir hervorgehen …“
Unten: Abraham erzählt seiner Frau Sara von Gottes
Verheißung.
British Library, London.

Gegenüber: Die Rückkehr der Hagar, Gemälde von
Pietro Berrettini da Cortona (1596–1669). In der
Wüste, in die Hagar wegen der Härte ihrer Herrin Sara
geflohen war, erschien der Verzweifelten ein Engel und
veranlaßte sie zur Rückkehr. Abraham nahm Hagar mit
offenen Armen wieder in sein Haus auf, denn er hatte
die übermäßige Strenge seiner Frau gegen Hagar sehr
bedauert, obwohl er sich Saras Anordnungen gegen
ihre Magd nicht widersetzt hatte.
Kunsthistorisches Museum, Wien.

Jahwe erschien Abraham bei der Terebinthe Mamres,
als er um die heiße Tageszeit am Eingang
des Zeltes saß.
Er erhob seine Augen, und siehe, da standen
drei Männer vor ihm.

Genesis 18,1–2

Oben: Prudentiushandschrift, karolingisch, 2. Hälfte des 12. Jahrhunderts. „Abraham und die drei Engel". Abraham tritt vor sein Zelt und lädt die Engel ein, bei ihm Rast zu machen.
Burgerbibliothek, Bern.

Gegenüber: Bei diesem Mosaik aus dem 5. Jahrhundert „Abrahams Bewirtung der drei Engel" handelt es sich um eines der 35 Mosaikfelder über dem Architrav des Langhauses in S. Maria Maggiore, Rom. Vorne links befiehlt Abraham seiner Frau Sara, das Mahl zu bereiten. Hinter dem Tisch rechts sitzen die Engel, denen Abraham dann die Speisen auftischt.

9 Dann fragten sie ihn: „Wo ist deine Frau Sara?“ Er antwortete: „Hier im Zelt.“ 10 Da sprach er: „Ich werde im nächsten Jahr um diese Zeit wiederkommen, dann hat deine Frau Sara einen Sohn.“ Sara horchte hinter ihm am Eingang des Zeltes. 11 Abraham und Sara aber waren alt und hochbetagt, und es erging Sara nicht mehr nach Frauenart. 12 Darum lachte Sara in sich hinein. Denn sie dachte: „Nachdem ich alt geworden bin, soll mir noch Liebeslust werden? Mein Mann ist doch auch schon alt.“ 13 Da sprach Jahwe zu Abraham: „Warum lacht Sara und denkt: ‚Soll ich wirklich noch gebären, obwohl ich alt bin?‘ 14 Ist denn für Jahwe etwas zu wunderbar? Ich werde im nächsten Jahr um diese Zeit wieder zu dir kommen, dann hat Sara einen Sohn.“ 15 Da leugnete Sara und sagte: „Ich habe nicht gelacht.“ Denn sie fürchtete sich. Er aber erwiderte: „Doch, du hast gelacht.“

16 Nun brachen die Männer von dort auf und wandten sich Sodom zu. Abraham ging mit ihnen, um sie zu geleiten.

20 1 Von da zog Abraham in den Negeb und wohnte zwischen Kadesch und Schur und weilte als Fremdling zu Gerar.

2 Abraham sagte von seiner Frau: „Sie ist meine Schwester.“ Da sandte Abimelech, der König von Gerar, und ließ Sara holen. 3 Doch Gott kam in der Nacht im Traum zu Abimelech und sprach zu ihm: „Fürwahr, du mußt um der Frau willen, die du geholt hast, sterben; denn sie ist eine Ehefrau.“ 4 Abimelech aber hatte sich ihr noch nicht genaht. Darum sagte er: „Herr, tötest du auch Schuldlose? 5 Er hat mir doch selbst gesagt: ‚Sie ist meine Schwester‘, und auch sie hat erklärt: ‚Er ist mein Bruder.‘ In der Einfalt meines Herzens und mit reinen Händen hatte ich dies getan.“ 6 Da sprach Gott zu ihm im Traum: „Auch ich weiß, daß du in der Einfalt deines Herzens dies getan hast. Ich selbst habe dich davor bewahrt, daß du dich gegen mich versündigst. Darum ließ ich nicht zu, daß du sie berührtest. 7 Gib nun die Frau dem Manne zurück! Da er ein Prophet ist, möge er Fürsprache für dich einlegen, damit du am Leben bleibst. Gibst du sie aber nicht zurück, so wisse, daß du sterben mußt, du und alles, was dein ist.“

8 Als Abimelech sich am Morgen erhoben hatte, rief er alle seine Diener zusammen und teilte ihnen den ganzen Vorgang mit. Die Männer erschraken sehr. 9 Dann ließ Abimelech Abraham rufen und sprach zu ihm: „Was hast du uns angetan? Was habe ich gegen dich gefehlt, daß du über mich und mein Reich so große Schuld gebracht hast? Was nimmermehr geschehen durfte, hast du mir angetan.“ 10 Und weiter sprach Abimelech zu Abraham: „Was war deine Absicht, daß du dies getan hast?“ 11 Darauf antwortete Abraham: „Ich dachte, an diesem Ort sei gar keine Gottesfurcht; man werde mich um meiner Frau willen töten. 12 Auch ist sie wirklich meine Schwester, eine Tochter meines Vaters, nur nicht die Tochter meiner Mutter. So konnte sie meine Frau werden. 13 Als Gott mich fern vom Hause meines Vaters umherirren ließ, sagte ich zu ihr: Erweise mir diesen Gefallen: Sage überall, wohin wir kommen, von mir: Er ist mein Bruder.“

14 Darauf nahm Abimelech Schafe und Rinder, Knechte und Mägde und gab sie Abraham; auch gab er ihm seine Frau Sara zurück. 15 Und Abimelech fügte bei: „Wohlan, mein Land steht dir offen; wohne, wo es dir gefällt.“ 16 Zu Sara aber sagte er: „Hiermit übergebe ich deinem Bruder tausend Silberschekel. Sie sollen dir eine Augendecke sein für alle, die bei dir sind. So bist du von all diesem gerechtfertigt.“ 17 Da legte Abraham Fürsprache bei Gott ein, und Gott heilte Abimelech, seine Frau und seine Mägde, daß sie (wieder) Kinder zeugten. 18 Denn Jahwe hatte um Saras, der Frau Abrahams, willen jeden Mutterschoß im Hause Abimelechs verschlossen.

21 1 Jahwe suchte Sara heim, wie er es verheißen, und Jahwe tat an Sara, wie er es vorausgesagt hatte. 2 Sara empfing und gebar dem Abraham in seinem Alter einen Sohn zu der Zeit, von der Gott geredet hatte. 3 Abraham gab seinem Sohne, der ihm geboren wurde, den Sara ihm geboren hatte, den Namen Isaak. 4 Abraham beschnitt seinen Sohn am achten Tag, wie ihm Gott befohlen hatte. 5 Abraham war hundert Jahre alt, als ihm sein Sohn Isaak geboren wurde. 6 Da sprach Sara: „Ein Lachen hat mir Gott bereitet. Jeder, der es hört, wird mir zulachen.“ 7 Und weiter sprach sie: „Wer hätte Abraham gesagt: Sara wird noch Kinder stillen? Denn ich habe ihm einen Sohn in seinem Alter geboren.“

8 Der Knabe wuchs heran und wurde entwöhnt; und Abraham veranstaltete am Tag der Entwöhnung Isaaks ein großes Mahl. 9 Da bemerkte Sara, wie der Sohn der Ägypterin Hagar, den diese dem Abraham geboren hatte, mit ihrem Sohn Isaak spielte. 10 Darum sagte sie zu Abraham: „Jage die Magd da und ihren Sohn fort! Denn der Sohn dieser Magd soll nicht mit meinem Sohn Isaak erben.“ 11 Dieses Wort mißfiel dem Abraham sehr um seines Sohnes willen, 12 aber Gott sprach zu Abraham: „Laß es dir um des Knaben und um deiner Magd willen nicht leid sein, sondern höre auf Sara in allem, was sie dir sagt. Denn nach Isaak wird deine Nachkommenschaft benannt werden. 13 Doch auch den Sohn der Magd werde ich zu einem großen Volke machen, weil er dein Nachkomme ist.“

Oben: König Abimelech gibt Abraham seine Frau Sara zurück. Gobelin des 17. Jahrhunderts im Münster von Freiburg im Breisgau. Während Abraham als Fremdling in Gerar lebte, gab er Sara, wie schon früher einmal in Ägypten, als seine Schwester aus. König Abimelech von Gerar hatte von Saras Schönheit vernommen und ließ sie zu sich bringen. Im Traume ließ Gott ihn wissen, daß Sara eine verheiratete Frau sei und er sterben müsse, wenn er sie bei sich behielte. Tief erschrocken sandte der König am nächsten Tag nach Abraham, um ihm die von ihm noch unberührte Sara zurückzugeben. Außerdem erhielt Abraham vom König einen prallgefüllten Beutel mit 1000 Silberstücken zugunsten von Sara.

Folgende Seite: „Hagar und der Engel". In Rembrandtscher Hell-Dunkel-Manier stellt Giovanni Benedetto Castiglione (1616–1670) dar, wie Hagar mit dem leeren Wasserkrug am Boden kniet. Ihr fieberkrank gewordener Sohn hat allen Wasservorrat getrunken und ist nun am Verschmachten. Da erscheint in der hellen Wolke ein Engel, der Hagar eine Quelle weist und ihr gebietet, Ismael gut zu pflegen, da sein Glück mit ihrem zusammenhänge. Dies ist die erste Hindeutung darauf, daß Hagar durch ihres Sohnes Nachkommen Stamm-Mutter vieler arabischer Völkerschaften werden wird.
Palazzo Rosso, Genua.

14 Abraham erhob sich früh am (andern) Mor-
gen, nahm Brot und einen Schlauch Wasser und
gab es Hagar; er legte den Knaben auf ihre Schul-
tern, und dann verstieß er sie. Sie ging und irrte
umher in der Wüste von Beerscheba. 15 Als das
Wasser im Schlauch zu Ende war, warf sie den
Knaben unter einen der Sträucher. 16 Sie selbst ging
weiter und setzte sich einen Bogenschuß weit ent-
fernt ihm gegenüber. Denn sie sagte: „Ich kann das
Sterben des Knaben nicht mit ansehen." So saß sie
gegenüber, und er begann laut zu weinen. 17 Gott
aber hörte die Stimme des Knaben, und der Engel
Gottes rief Hagar vom Himmel her zu und sprach
zu ihr: „Was ist dir, Hagar? Fürchte dich nicht!
Denn Gott hat auf die Stimme des Knaben gehört
dort, wo er ist. 18 Steh auf, nimm den Knaben und
halte ihn fest an deiner Hand; denn ich will ihn zu
einem großen Volke machen." 19 Dann öffnete
Gott ihre Augen, und sie sah einen Wasserbrun-
nen. Sie ging hin, füllte den Schlauch und gab dem
Knaben zu trinken. 20 Gott war mit dem Knaben.
Er wuchs heran und wohnte in der Wüste und
wurde ein Bogenschütze. 21 Er wohnte in der
Wüste Paran, und seine Mutter nahm ihm eine
Frau aus dem Lande Ägypten.

23 1 Die Lebenszeit Saras betrug hundertsie-
benundzwanzig Jahre. 2 Da starb Sara zu
Kirjat-Arba, das ist Hebron, im Lande Kanaan,
und Abraham begann, für Sara die Totenklage zu
halten und sie zu beweinen.

12 Da verneigte sich Abraham vor den Bewoh-
nern des Landes 13 und sprach zu Ephron vor den
Bewohnern des Landes: „Ja, wenn du … Aber
möchtest du mich doch anhören! Ich zahle dir den
vollen Preis des Grundstücks. Nimm ihn von mir
an, damit ich meine Tote dort begraben kann."
14 Nun erwiderte Ephron dem Abraham folgendes:
15 „Mein Herr, höre mich an! Vierhundert Silber-
schekel für ein Grundstück, was bedeutet das zwi-
schen mir und dir? Begrabe deine Tote!" 16 Abra-
ham nahm die Forderung Ephrons an. Und
Abraham wog Ephron den Preis dar, den dieser in
Gegenwart der Hethiter genannt hatte: vierhun-
dert Schekel Silber, wie es beim Händler gängig ist.

17 So ging das Grundstück des Ephron, das in
der Machpela östlich von Mamre lag, das
Grundstück mit der Höhle darauf samt allen Bäu-
men auf dem Grundstück ringsum in seinem gan-
zen Gebiet 18 in den Besitz Abrahams über in
Gegenwart aller Hethiter, die zum Stadttor
gekommen waren. 19 Darauf begrub Abraham
seine Frau Sara in der Höhle auf dem Grundstück
der Machpela östlich von Mamre im Lande
Kanaan. 20 So war das Grundstück mit der Höhle
darauf rechtskräftig von den Hethitern an Abra-
ham als Grabbesitz übergegangen.

Das Lachen der Herrin, das Elend der Sklavin

Dorothee Sölle

Es gibt nicht nur Erzväter in der Schrift, sondern auch Erzmütter, zu denen Sara und Hagar gehören. Beide haben am Glauben Anteil, mehr aber noch am Zweifel, beide tragen die Verheißung, aber in gebrochener Weise und ohne jeden Triumphalismus. Beide sind als Mütter ihrer Söhne bis heute verflochten in die tragischen Konflikte im Nahen Osten zwischen Juden, den Kindern Isaaks, und Arabern, den Kindern Ismaels.

Sara ist die überaus schöne Ehefrau eines reichen Hirten. Zweimal gibt ihr Mann sie als seine Schwester aus, um sich selber vor Überfällen zu schützen. Ist er eine Art Zuhälter, der Gewinn aus der Schönheit seiner Frau zieht? In den ersten Geschichten erscheint Sara ganz als das stumme Objekt des handelnden Abraham und des rettenden Gottes. Was sie selber denkt und fühlt, bleibt unausgesprochen, nur ihr Lachen, als die drei Engel einen Sohn ankündigen, bleibt im Ohr, das ironische Lachen einer alternden Frau nach der Menopause, die alles hört, was wichtig ist (Gen 18,12). Dieses Lachen ist ihre erste Lebensäußerung in der Bibel. Aus Angst versucht sie dann das Lachen abzuleugnen, aber Gott spricht zu ihr ohne Umweg über Abraham und macht aus dem Lachen der Bitterkeit das Lachen des unerwarteten Glücks (Gen 21,6 f.).

Die bitteren Jahre der Kinderlosigkeit haben sie hart gemacht. Sie versucht es mit Leihmutterschaft und benutzt dazu eine ägyptische Sklavin namens Hagar. Abraham steht zwischen zwei Frauen, die eine ist verheiratet, reich, frei, aber alt und unfruchtbar; die andere unverheiratet, arm, abhängig, aber jung und fruchtbar. Sara, die in Ägypten ein Objekt der Intrigen von Männern war, ist hier nun Subjekt, der machtlosen farbigen Sklavin gegenüber. Abraham weicht dem Konflikt aus und überläßt die schwangere Hagar der Willkür von Sara. Ihr ist die Hagar ein Instrument, nicht eine Person, niemals nennt sie ihren Namen oder spricht die Untergebene an. Sara kontrolliert die Situation vollständig, sie sagt Abraham, was er zu tun hat, und er erscheint wie eine stille, nachgiebige Nebenfigur im Drama der beiden Frauen.

Mit der Schwangerschaft verändert sich Hagar. Die hierarchischen Scheuklappen fallen ab, sie sieht auf die unfruchtbare Alte herab. Ihr Stolz ist erwacht und wird sogleich gedemütigt. „Und Sara bedrückte sie“ (Gen 16,6), ein Ausdruck, der auch für die Unterdrückung der Israeliten in Ägypten gebraucht wird. Hier in der Geschichte zwischen zwei Frauen spielt Sara jetzt die Rolle der Fronvögte Pharaos, die man sich aus den Schilderungen der Sklaverei ausmalen kann: mehr Arbeit, weniger Essen, wenig Schlaf, keine freie Zeit, Demütigungen und Züchtigung …

Hagar, die schwangere Frau, flieht aus dem Haus der Knechtschaft in die Wüste. Sie hat ihren Körper auf Lebenszeit verkaufen müssen, nicht nur ihre Arbeitszeit, sondern auch ihren Bauch mußte sie ungefragt hergeben. Durch die wasserlose Wüste flieht sie bis in die Gegend der ägyptischen Grenze. „Aber der Engel des Herrn fand sie …“ (Gen 16,7), ein Bote Gottes ist ihr nachgegangen und spricht sie an. Die farbige Sklavin ist der erste Mensch in der Bibel, den ein Bote Gottes aufsucht. Der Befehl des Engels ist hart, entspricht aber wohl den Überlebensbedingungen. Hagar soll zurückkehren in die Knechtschaft und unter das Leiden. „Demütige dich unter ihrer Hand“, sagt ihr der Engel (Gen 16,9). Und doch verheißt ihr die Stimme, was sonst nur den Vätern verheißen wird: reiche Nachkommenschaft und den Segensnamen ihres noch ungeborenen Kindes: Ismael, „Gott hört“. Gott hat ihr Elend gehört, auch als sie nicht schrie, Gott hat ihr im Sohn, der in der Wüste aufwachsen wird, eine Zukunft gesichert. Leiden und Hoffnung verschränken sich, und Hagar nennt den Fremden, der ihr in der Wüste begegnete, nun mit einem neuen Namen. „Du bist der Gott, der mich anschaut“ (Gen 16,13). Gestärkt geht sie zurück und bleibt unter Gottes Schutz auch dann noch, als sie ein zweites Mal mit ihrem Kind in die Wüste getrieben wird und zusehen muß, wie ihr Kind verdurstet. Diesmal hatte sie keine Wahl, sie wird exiliert, und als das mitgegebene Wasser zu Ende gegangen ist, setzt sie sich abseits und spricht: „Ich kann nicht zusehen beim Tod des Kindes. Und sie setzte sich gegenüber, hob ihre Stimme auf und weinte“ (Gen 21,16). Gott hört sie und öffnet ihre Augen für einen Wasserbrunnen in der Nähe. Ein Engel rettet den Ismael, den Vater der arabischen Völker, vor dem Tod im brunnenlosen Land.

Hagars Geschichte ist in den letzten zehn Jahren immer wieder von Frauen in der Elendswelt gelesen worden. Indem sie über ihre Situation nachdenken, erinnern sie sich an die geschwängerte, gedemütigte, verstoßene Frau der Bibel. In Brasilien traf ich eine Gruppe von schwarzen Haus-

angestellten, die für einen Mindestlohn von ca. 100 Mark von morgens bis abends in sklavenähnlichen Verhältnissen arbeiten. Sie waschen, putzen, bügeln und kümmern sich um die Kinder der Reichen, während ihre eigenen sehen müssen, wie sie im Elendsviertel überleben. Die Ausbeutung macht auch hier nicht vor dem Körper der Frauen halt; viele lassen aus Angst, ihre Arbeit zu verlieren, sexuellen Mißbrauch und Vergewaltigung durch ihre Hausherren und deren Söhne über sich ergehen. Wenn sie schwanger werden, schickt man sie wie Hagar in die Wüste. Junge Mädchen werden für etwa 1500 Mark an Mittelsmänner verkauft und stehen an den Flughäfen zur Verfügung, wenn die Touristen ankommen. Auch das ist eine Art Wüste.

Die alte Geschichte der Hagar gibt den verarmten Frauen Mut und Kraft für ihren Kampf heute. Gott hat auch der Hagar zur Freiheit und zu einem würdevollen Leben verholfen, so wird Gott auch uns befreien. Sie beten miteinander, was sie von der schwarzen Sklavin gelernt haben: „Du bist der Gott, der mich anschaut …“

Oben: Sara, hier als alte Frau dargestellt, beklagt sich bei Abraham, daß ihre Magd Hagar sich ihr gegenüber aufsässig verhalte, seitdem sie schwanger geworden war. Abraham versucht, sich aus der Affäre zu ziehen, indem er Sara sagt, es sei ihre Sache, wie sie mit ihrer Sklavin verfahren wolle. Federzeichnung um 1640 von Rembrandt van Rijn (1606–1669).
Louvre, Paris.

Antike und mittelalterliche Quellen

Joe H. Kirchberger

In der jüdischen Legende ist die Geschichte von Abrams Reise stark ausgeschmückt. Erst als er nach Ägypten zieht, wird er gewahr, wie schön Sarai ist – die, ähnlich wie Abram, erst später von Gott umbenannt wird in Sara. Um sie vor den Ägyptern zu verbergen, steckt er sie in einen Kasten, und als die Zollwächter an der Grenze ihn befragen, was der Kasten enthielte, antwortet er: „Gerste." „Nein", sagen sie, „es ist Weizen." „Gut", sagt Abram, „ich will auch den höheren Zoll für Weizen bezahlen." Aber dann behaupten sie, der Kasten enthielte Pfeffer, dann Gold, schließlich Edelsteine, und immer gibt Abram nach. Das macht sie erst recht mißtrauisch, er muß den Kasten öffnen, und als die Wächter Sarais Schönheit sehen, senden sie sofort Botschafter zum Pharao. Der schickt ein Heer, das Sarai in seinen Palast bringt, und belohnt die Boten reichlich.

Abram und Sarai, nun getrennt, beten und flehen Gott um Hilfe an, und ein Engel erscheint der Sarai, als sie vor Pharao steht – aber nur sie kann ihn sehen. Er tröstet sie und verkündet ihr, Gott habe ihrer beide Gebet erhört. Von Pharao zu Abram befragt, nennt sie ihn ihren Bruder. Nun sendet Pharao viel Gold, Silber, Perlen, Schafe und Ochsen zu Abram und setzt einen Ehevertrag auf, in dem er Sarai all sein Gold, Silber, seine Sklaven und die Provinz Gosen vermacht. Ja er gibt ihr sogar seine eigene Tochter Hagar zur Sklavin!

Aber in der Nacht, als sich Pharao der Sarai nähern wollte, erscheint wiederum ein Engel, und als Pharao ihr den Schuh abziehen will, schlägt er ihn mit einem Stab auf die Hand. Als er Sarais Kleid berührt, erfolgt ein zweiter Schlag. Dann fragt der Engel Sarai, ob er weiter schlagen soll, und sie bittet ihn, Pharao eine Atempause zu gönnen. Dann aber wird Pharao und sein gesamter Hof mit Aussatz geschlagen, und als er seine Priester um Rat fragt, erklären sie ihm den Grund für seine Heimsuchung: sein Heiratsantrag an Sarai. Darauf sendet er Sarai zu Abram zurück, unberührt.

Als Sarai ihrem Gatten Hagar zum Weib gab, fühlte sie keine Eifersucht, denn Hagar war ihr, nicht Abrams Eigentum. Die Sitte, daß unfruchtbare Frauen ihre Sklavin ihrem Gatten überlassen, damit er mit ihr, für sie, Kinder zeuge, war offenbar im alten Israel allgemein üblich, denn wir finden sie in der Geschichte Leas und Rachels wieder, die beide ihre Mägde dem Jakob überlassen, der mit ihnen Söhne zeugt.

Die Anmaßung Hagars, als sie schwanger wird, äußert sich, nach der jüdischen Legende, darin, daß sie denen, die sie besuchten, sagte: „Meine Herrin Sarai ist nicht, was sie zu sein scheint. Sie kann nicht so rechtschaffen und gottesfürchtig sein, wie es den Anschein hat, denn wie könnte sie sonst nach so vielen Jahren unfruchtbar sein, während ich von Abram sofort ein Kind empfangen habe." – Als daraufhin Hagar von Abram Sarai zur Bestrafung überlassen wird, behandelt diese sie nicht nur wie eine niedere Sklavin, sondern wirft den bösen Blick auf sie, so daß Hagar – im Gegensatz zum biblischen Text – ihr Kind verliert. Dann flieht Hagar. Die Engel, die sie überreden, zurückzukehren, versprechen ihr, daß sie von neuem schwanger werden und Ismael gebären werde. – Ismael ist das erste von sechs Kindern, denen Gott einen Namen vor ihrer Geburt gab – die andern sind Isaak, Mose, Salomo, Johannes der Täufer und der Messias selbst.

Als Gott ihm im Hain Mamre erscheint, ist Abram bereits von Gott umbenannt: Nicht Abram („der Vater ist hoch") soll er nun heißen, sondern Abraham („der Vater von vielen"). Auch Sarais Umbenennung in Sara ist charakteristisch; denn „Sara" bedeutet Fürstin. – Die drei Männer, die Abraham nach seiner Beschneidung besuchen, sind nicht, wie es dem biblischen Text nach den Anschein hat, Gott selbst, sondern die drei Erzengel Michael, Gabriel und Raphael. Raphael kam, um Abrahams Wunde zu heilen, Michael, um Sara die frohe Kunde zu überbringen, und Gabriel, um die Zerstörung Sodoms und Gomorras zu vollziehen. Andrerseits sagt die jüdische Tradition, daß Sara die einzige Frau war, mit der Gott direkt gesprochen hat – das war bei Eva nicht der Fall gewesen.

Ehe Isaak geboren wird, erzählt die Bibel noch eine Episode, in der Sara von Abimelech, dem König von Gerar, begehrt wird und wiederum von Abraham als seine Schwester ausgegeben wird – wobei die frühere Episode mit Pharao fast wörtlich wiederholt wird. Die jüdische Legende bringt da nur eine Variante hinein: Abimelech übergibt der Sara ein langes, kostbares Gewand, das ihre Reize verbirgt – ein stiller Vorwurf gegen Abraham, der sein Weib zu oft den lüsternen Augen der Fremden ausgesetzt hat.

Oben: Hagar und Ismael in der Wüste, Gemälde von Jean-Charles Cazin (1841–1901). Ismael schmiegt sich an seine verzweifelt weinende Mutter Hagar. Noch ist der Engel nicht erschienen, der ihr eine Wasserquelle zeigen und ihr weiterhelfen wird. Cazin hat viele zart empfundene Landschaften voll atmosphärischer Stimmungen gemalt, in denen die Figuren – oftmals biblische Gestalten wie hier – mehr oder minder nur Staffage sind.
Musée des Beaux Arts, Tours.

Gegenüber: „Der Engel erscheint Hagar und Ismael", Gemälde von Giovanni Battista Tiepolo (1696–1770), einem der bedeutendsten Repräsentanten der venezianischen Malerei des 18. Jahrhunderts.
Scuola di San Rocco, Venedig.

Vorherige Seite: „Die Verstoßung der Hagar" vom niederländischen Barockmaler Nicolaes Maes (1634–1693).
Alte Pinakothek, München.

Als Isaak schließlich geboren wird, gedenkt Gott auch aller andern unfruchtbaren Frauen und läßt sie gebären.

Als Isaak heranwächst, gibt es Streit zwischen ihm und Ismael, dem „Wilden" und „Spötter", denn dieser fordert als Erstgeborener zwei Drittel von Abrahams Erbe und will Isaak nur ein Drittel gönnen. Auch richtet er oft Pfeil und Bogen auf Isaak – wie er behauptet, nur im Scherz. Dies ist der Grund, daß Sara sich empört und, als Hagar und ihr Sohn auf Gottes Geheiß in die Wüste geschickt werden, sie wieder ein böses Auge auf Ismael wirft. Er wird daraufhin so krank, daß Hagar ihn, den schon Erwachsenen, tragen muß. Da er im Fieber ist, verbraucht er alles mitgegebene Wasser, das sonst für beide Vertriebenen ausgereicht hätte. Hagar sucht dann nach denselben Weidenbüschen, unter denen die Engel sie einst gefunden hatten. Dort bittet Ismael, nun fromm geworden, Gott um Hilfe, und dieser läßt Mirjams Quelle, die er am sechsten Tage der Schöpfung geschaffen hatte, emporspringen. Nun kann Hagar ihre Wasserflasche füllen und mit Ismael nach Ägypten zurückkehren.

Auch die Geschichte von Isaaks Opferung hat die jüdische Legende ausgeschmückt: Zuerst erscheint Satan dem Isaak als ein sehr alter Mann und flüstert ihm zu, daß sein Vater ihn opfern wolle. Aber Abraham erkannte den Satan und sandte ihn fort. Darauf ging dieser zu Sara und erzählte ihr dasselbe. Sara zitterte und starb fast vor Kummer, aber dann raffte sie sich auf und sprach: „Was immer Gott Abraham aufgetragen hat, möge er es in Frieden tun!" Dann log Satan und erzählte Sara, daß Isaak geopfert worden sei. Sie weinte und klagte um ihren Sohn und machte sich auf, ihn zu suchen – bis Satan ihr die Wahrheit sagte, daß Isaak am Leben sei. Vor Freude über diese Nachricht starb Sara. Abraham und Isaak suchten nach ihr und fanden sie tot in Hebron. Sie hatte noch immer die Schönheit und Unschuld ihrer Jugend.

Nach Saras Tod kam Unglück über das ganze Land, und Abraham, selbst in Trauer und des Trostes bedürftig, mußte auch noch die Bewohner trösten. Er selbst wurde nach Saras Tod plötzlich alt. Aber Gottes Segen war mit ihm: Hagar gebar ihm eine Tochter, und Ismael bereute sein früheres Ungestüm und ordnete sich Isaak unter. Nur eins fehlte noch: eine Frau für Isaak.

Die hellenistische Philosophie hat sich ebenfalls mit der Sara-Hagar-Geschichte beschäftigt und sie auf sehr verschiedene Weise interpretiert. Der jüdische Philosoph Philo (Philo Judäus) aus Alexandria, der um 50 n. Chr. starb und versuchte, die Bibel in Einklang mit der griechischen Philo-

„*Jage die Magd da und ihren Sohn fort! Denn der Sohn dieser Magd soll nicht mit meinem Sohn Isaak erben.*“
Genesis 21, 10

„*Was ist dir, Hagar? Fürchte dich nicht! Denn Gott hat auf die Stimme des Knaben gehört dort, wo er ist. Steh auf, nimm den Knaben und halte ihn fest an deiner Hand; denn ich will ihn zu einem großen Volke machen.*“
Genesis 21, 17–18

Oben: Illustration aus der Weltchronik des Rudolf von Ems, entstanden in der 1. Hälfte des 13. Jahrhunderts. Kantonsbibliothek Vadiana, St. Gallen.
Oben: Sara verstößt ihre Magd Hagar mit deren Söhnchen Ismael. *Unten:* Ein Engel erscheint Hagar in der Wüste, der ihr den Weg zu einer Wasserquelle weist, damit sie und ihr Kind überleben können.

Gegenüber: „Begräbnis der Sarah“, Federskizze von Friedrich Preller d. Ä. (1804–1878), entstanden 1874.
In die romantische Waldlandschaft ist eine streng klassizistische Figurengruppe gestellt. Das Bild zeigt die Bestattung Saras in einem Höhlengrab, das Abraham von den Hethitern käuflich als Familiengrab erwarb, damit die in Kanaan gestorbene Sara auch in der Fremde auf eigenem Boden ihr Grab habe.

sophie zu bringen, sieht in Hagar, die Sara untergeordnet ist, das Symbol für die Geisteswissenschaften: Astronomie, Rhetorik, Musik, Grammatik. Sara stellt hingegen das Sinnbild für Weisheit und Tugend dar, für die die Einzelwissenschaften nur Vorstufen sind, durch die der Mensch hindurchgehen muß, ehe er zur höheren Weisheit gelangen kann.

Die schlechte Behandlung, die Sara der Hagar angedeihen läßt, ist also nicht die Eifersucht der Frau, sondern entspringt der höheren Einsicht des Menschen, der die Weisheit des echten Philosophen erlangt hat.

AUCH DER APOSTEL Paulus versteht die Geschichte allegorisch, aber natürlich nicht in Philos neuplatonischem Sinn, sondern als Christ: Im Galater-Brief (4, 21 ff.) setzt er Hagar und Ismael dem Alten Bunde gleich, der auf dem Berg Sinai geschlossen wurde. Die Christen aber sind die Nachkommen Saras, der freien, die den Neuen Bund mit Gott symbolisiert.

Im Gegensatz zu diesen beiden versucht Flavius Josephus, der jüdische Geschichtsschreiber des 1. Jahrhunderts n. Chr., eine rein menschliche

Erklärung der biblischen Geschichte. Er sieht in Abraham einen guten Menschen, der sich über die Unfruchtbarkeit seiner Frau grämt, in Sara eine gute Gattin, die ihm ihre Magd bringt, um ihm eine Freude zu machen. Hagar wird unverschämt, aber als sie zurückkehrt, bessert sie sich, und erst die Rivalität der beiden Söhne macht ihre neuerliche Verstoßung notwendig. Doch auch da zögert Abraham und weigert sich in seiner Güte lange, ehe er sie in die Wüste schickt.

Flavius Josephus bemüht sich, die grausame Erzählung von der Verstoßung so weit wie möglich abzumildern und alle Beteiligten in bestmöglichem Licht erscheinen zu lassen. Dieselbe Tendenz verfolgen die meisten jüdischen Interpreten des Mittelalters, mit Ausnahme nur von Nachmanides (um 1250), der Sara und Abraham für sündig erklärt und ihre Strafe darin sieht, daß die Nachkommen Ismaels die Nachkommen Saras von jeher bedrängt haben. Hagars Stolz und Unabhängigkeit wird allgemein dadurch erklärt, daß sie die Tochter Pharaos ist – wovon in der Bibel nichts steht.

In der islamischen Legende gelten Abraham und Ismael als die Stifter der Kaaba, des heiligen Schreins in Mekka. Sara wird verächtlich gemacht, sie und Isaak spielen nur eine Nebenrolle. Als Hagar und Ismael in die Wüste gen Mekka gesandt werden, läßt Allah die Zemzem-Quelle aufspringen, und als arabische Wüstenstämme Vögel in diese Richtung fliegen sehen, wissen sie, daß dort Wasser sein muß. Sie folgen ihnen, finden Hagar und geben ihr von ihrer Milch, und Hagar läßt sie vom Wasser trinken. Nach andern islamischen Legenden hat Abraham selbst Hagar und Ismael nach Mekka gebracht. In jedem Fall ist Ismael der Stammvater der zwölf Stämme Nord-Arabiens.

Nach Saras Tod und Begräbnis, in der Genesis ausführlich beschrieben, hat Abraham noch einmal geheiratet. Nach der Bibel heißt die Frau Ketura (Gen 25, 1), aber nach dem jüdischen Bibel-Ausleger Rashi (um 1100) und andern ist diese mit Hagar identisch, denn „Ketura" bedeutet Weihrauch, und diesen Namen erhielt Hagar, nachdem sie ihre Abgötterei abgelegt hatte und ihre Taten so wohlriechend wie Weihrauch wurden.

Tamar

List gegen Macht

Buch Genesis: Kapitel 38, Vers 1–30

Die Geschichte Tamars ist von großer Bedeutung für die Geschlechternachfolge Israels. Das stellt sich aber erst im 49. Kapitel, beim Segen des sterbenden Jakob, heraus. Jakob schließt dort seinen Erstgeborenen Ruben wegen dessen Vergehen an Bilha und die beiden folgenden Söhne, Simeon und Levi, wegen ihrer Verbrechen in Schekem vom Erstgeburtsrecht aus, so daß sein vierter Sohn, Juda, den Segen erhält. Tamar, die sich im nun folgenden Kapitel durch ein kühnes Manöver in die Geschlechternachfolge Juda einschaltet, hat das offensichtlich vorausgesehen. Denn es war ihr Sohn, den sie Juda gebar und der so die direkte Linie zu David und Salomo fortführte.

Um jene Zeit zog Juda von seinen Brüdern weg
und schlug sein Zelt bei einem Manne aus
Adullam namens Hira auf. 2 Dort sah Juda die
Tochter eines Kanaaniters mit Namen Schua. Er
nahm sie zur Frau und wohnte ihr bei. 3 Sie emp-
fing und gebar einen Sohn; diesen nannte sie Er.
4 Sie empfing abermals und gebar einen Sohn; sie
nannte ihn Onan. 5 Hierauf gebar sie nochmals ei-
nen Sohn; diesen nannte sie Schela. Sie befand sich
in Kesib, als sie ihn gebar. 6 Juda nahm für seinen
Erstgeborenen Er eine Frau mit Namen Tamar.
7 Er aber, der Erstgeborene Judas, war mißfällig in
den Augen Jahwes; deshalb ließ Jahwe ihn sterben.
8 Da sprach Juda zu Onan: „Wohne der Frau dei-
nes Bruders bei, leiste ihr die Schwagerpflicht und
verschaffe so deinem Bruder Nachkommen-
schaft!" 9 Da Onan aber wußte, daß die Nach-
kommenschaft nicht ihm gehören werde, ließ er,
so oft er der Frau seines Bruders beiwohnte, den
Samen zur Erde fallen, um seinem Bruder keine
Nachkommenschaft zu verschaffen. 10 Doch Jah-
we mißfiel, was er tat; darum ließ er auch ihn ster-
ben. 11 Da sprach Juda zu seiner Schwiegertochter
Tamar: „Kehre als Witwe ins Haus deines Vaters
zurück, bis mein Sohn Schela herangewachsen
ist." Er dachte nämlich, es könnte auch dieser
sterben wie seine Brüder. Tamar ging und kehrte
ins Haus ihres Vaters zurück.

12 Als längere Zeit verstrichen war, starb die
Tochter Schuas, die Frau Judas. Nachdem Juda die
Trauerzeit gehalten hatte, begab er sich mit seinem
Freund Hira aus Adullam nach Timna, um seine
Schafe scheren zu lassen. 13 Als aber Tamar gemel-
det wurde: „Siehe, es kommt dein Schwiegervater
nach Timna, um seine Schafe zu scheren", 14 legte
sie ihre Witwenkleider ab, hüllte sich in einen
Schleier, vermummte sich und setzte sich an den
Eingang von Enajim, das am Wege nach Timna
liegt. Denn sie sah, daß Schela herangewachsen
war, ohne daß sie ihm zur Frau gegeben wurde.
15 Als Juda sie bemerkte, hielt er sie für eine Dirne;
denn sie hatte ihr Gesicht verhüllt. 16 Er bog zu ihr
an den Wegrand ab und sprach: „Komm, ich will
dir beiwohnen!" Er wußte nämlich nicht, daß es
seine Schwiegertochter war. Sie antwortete:

„Was gibst du mir, wenn du mir beiwohnen
darfst?" 17 Er sagte: „Ich schicke dir ein Zie-
genböcklein von der Herde." Sie erwiderte:
„Wenn du mir ein Pfand gibst, bis du es schickst."
18 Er sagte: „Welches Pfand soll ich dir geben?" Sie
sprach: „Deinen Siegelring, deine Schnur und dei-
nen Stab, den du in der Hand trägst." Er gab es ihr,
wohnte ihr bei, und sie wurde schwanger. 19 Dann
erhob sie sich und ging weg; sie legte ihren Schleier
ab und zog wieder ihre Witwenkleider an.

20 Als Juda das Ziegenböcklein durch seinen

Gegenüber: „Judas Schwiegertochter Tamar", gemalt 1960 von Marc Chagall (1887–1985). Musée National du message biblique, Nizza.

Epreuve d'artiste

Marc Chagall

Ci prent iudas fame si en a trois enfanz qi furent mauues & erreterent contre les comandemenz Damedeu & iudas bote arriers la feme & la refuse.
Ce qe iudas prist feme & puis la refusa senefie iesucrist qi prist la uiez loi la synagogue & puis la refusa & bota arriers.
Ci descent dex sor les enfanz iudas qi estoient mescreanz & les foudroie & confunt & destruit.
Li enfant qi furent mescreant qe dex foudroia senefie les astronomiens & les dialeticiens qi errent contre deu & contre nature & dex lor lance ses darz & ses saetes & les confont & foudroie.
Ci prent iudas fame qi ot nom thamar.
Ci a thamar dous enfanz & li premiers qi fu seigniez s'en issi auant & fu seigniez d'un fil roge de la uentre.
Ce qe iudas prist fame qot nom thamar senefie iesucrist qi prist fame ce fu sainte eglise
Ce qe thamar ot dous enfanz senefie qe de sainte eglise eissirent dous manieres de genz boen & mauues. Li premiers qi fu seigniez dou fil roge senefie les crestiens qi sunt seignie des posalle de sainte eglise & de martire.

Freund aus Adullam schickte, um das Pfand von
der Frau zurückzuerhalten, fand er sie nicht. 21 Er
fragte die Leute des Ortes: „Wo ist die Dirne, die
in Enajim am Wege zu sitzen pflegt?“ Sie sagten:
„Hier war keine Dirne.“ 22 Da kehrte er zu Juda
zurück und sagte: „Ich habe sie nicht gefunden,
und die Leute des Ortes sagten: ‚Hier ist keine
Dirne gewesen.‘“ 23 Da sprach Juda: „So mag sie es
für sich behalten. Wenn wir nur nicht zum Gespött
werden. Ich habe ja dieses Böcklein geschickt; du
aber hast sie nicht gefunden.“
24 Etwa drei Monate später wurde Juda gemel-
det: „Deine Schwiegertochter Tamar hat sich ver-
gangen und ist infolge ihrer Unzucht schwanger
geworden.“ Da sagte Juda: „Führt sie hinaus! Sie
soll verbrannt werden!“ 25 Als man sie hinaus-
führen wollte, sandte sie zu ihrem Schwiegervater
und ließ ihm sagen: „Von dem Mann, dem diese
Dinge gehören, bin ich schwanger.“ Und sie ließ
weiter sagen: „Siehe doch nach, wem dieser Sie-
gelring, diese Schnur und dieser Stab gehören.“
26 Als Juda die Sachen sah, sprach er: „Sie ist im
Recht gegen mich. Warum habe ich sie nicht mei-
nem Sohne Schela zur Frau gegeben!“ Fortan hatte
er keinen Umgang mit ihr. 27 Als die Zeit kam, da
sie gebären sollte, waren Zwillinge in ihrem
Schoß. 28 Während sie gebar, streckte der eine die
Hand vor. Da nahm die Hebamme einen roten
Faden, band ihn um seine Hand und sagte: „Dieser
ist zuerst herausgekommen.“ 29 Er zog aber seine
Hand wieder zurück, und es kam sein Bruder zum
Vorschein. Da sagte sie: „Wozu machst du dir
einen Riß?“ Und sie nannte ihn Perez. 30 Hierauf
kam sein Bruder, an dessen Hand der rote Faden
war, und sie nannte ihn Serach.

Tamar legte ihre Witwenkleider ab, hüllte sich in einen Schleier, vermummte sich und setzte sich an den Eingang von Enajim, das am Wege nach Timna liegt … Als Juda sie bemerkte, hielt er sie für eine Dirne; denn sie hatte ihr Gesicht verhüllt. Er bog zu ihr an den Wegrand ab und sprach:
„Komm, ich will dir beiwohnen!“
Er wußte nämlich nicht, daß es seine Schwiegertochter war.

Genesis 38, 14–16

Gegenüber: Bible Moralisée des Codex Vindobonensis 2554, fol. 8, Anfang 13. Jahrhundert: Juda verstößt seine Frau, von der er drei schlechte Kinder hat. Gottes Strafgericht über Judas Söhne. Juda nimmt Tamar, seine verschleierte Schwiegertochter, zur Frau. Diese wird schwanger und gebärt zwei Söhne namens Perez und Serach.
Österreichische Nationalbibliothek, Wien.

Rechts: Juda spricht die verschleiert am Weg sitzende Tamar an, ohne seine Schwiegertochter zu erkennen. Stich aus der Biblia in Laminas, Anfang 17. Jahrhundert. Europart, Abbaye St. Martin de Ligugé.

Eine Frau unterwandert die Macht

Dorothee Sölle

Tamar ist eine Kanaaniterin aus der Frühzeit Israels. Juda, einer der zwölf Söhne Jakobs, hat sie dazu ausersehen, seinen ältesten Sohn zu heiraten. Juda hat drei Söhne und braucht sich um seine Nachkommenschaft keine Sorgen zu machen; Name und Besitz können weitergegeben werden, und Gottes Versprechen wird sich erfüllen. Aber der erste Sohn, Er, stirbt kinderlos, und Juda schickt seinen zweiten Sohn, Onan, zu Tamar, um dem verstorbenen Bruder Nachkommen zu schaffen. Dahinter steht der Brauch der Schwager- oder Leviratsehe, das heißt die Pflicht eines Bruders, seine Schwägerin, die Witwe des kinderlos verstorbenen Bruders, zu heiraten, um dem Toten so zu seinem Recht zu verhelfen, Nachkommen zu haben. Onan, der zweite Sohn des Juda, verweigert dies, wohl nicht durch die nach ihm benannte Sexualpraxis, sondern durch Coitus interruptus (Gen 38,9). Das mißfällt Gott, und er läßt auch ihn sterben. Nun bleibt nur noch der dritte Sohn Judas übrig, das Geschlecht zu erhalten, er aber wird der Tamar unter einem Vorwand vorenthalten; schlimmer noch, Juda, der alle Familienangelegenheiten regelnde Patriarch, schickt sie als kinderlose Witwe zurück in das Haus ihres Vaters. Offenbar hat Juda Angst um das Leben seines dritten Sohnes, Angst vor der unheimlichen Frau, der schon zwei Männer zum Opfer gefallen sind.

Tamar ist zwar nur das nicht-gefragte Objekt dieser Machenschaften, muß aber immerhin so viel Macht besitzen, daß ihr Schwiegervater sie lossein will. Rechtlich und sozial gesehen, war die Lage der kinderlosen, also unnützen Witwe, die an den ursprünglichen Besitzer, den Vater, zurückfiel, das Schlimmste, was einer Frau zustoßen konnte.

Aber Tamar findet sich nicht mit ihrer Situation ab, sondern handelt und hilft sich selber auf höchst ungewöhnliche Weise, die aber weder in der Bibel noch in der alten jüdischen Tradition getadelt oder moralisch verurteilt wird. Tamar verkleidet sich als Dirne und lauert ihrem Schwiegervater Juda auf einer Reise auf. Er schläft mit ihr, ohne sie zu erkennen. Als Preis für diesen Liebesdienst wird ein Ziegenböckchen ausgemacht.

In dieser Geschichte stoßen die ältere, von Fruchtbarkeitsgottheiten bestimmte Religion der Ureinwohner Kanaans und die ehe- und erbrechtbestimmten sexuellen Normen des Volkes Israel aufeinander. Unter den Kanaaniterinnen gab es den Brauch, ein Ziegenböckchen der Liebesgöttin, der Astarte, als Opfer zu weihen, wenn eine Frau sich Fremden am Wegrand hingab. Die Geschichte Tamars verschmilzt beide Kulturen und integriert den Fruchtbarkeitskult in die Religion des anderen Gottes aus der Wüste. Das Fremde, Geschlechtsverkehr am Wegesrand, Opfer an die alte Göttin der Liebe und der Fruchtbarkeit, wird in die Stammespolitik von Juda einbezogen. Die Fremde, die die Traditionen ihres eigenen Volkes listig benutzt, wird nicht als Götzendienerin ausgegrenzt, ausgestoßen und verurteilt, sondern als Mutter des Stammes Juda anerkannt und geehrt.

Tamar wird schwanger und zieht ihre Witwenkleider wieder an. Ihr Risiko ist hoch, offiziell gilt sie als dem dritten Sohn Schela verlobt, und auf Ehebruch steht Verbrennung oder Steinigung. Aber sie hat sich vorgesehen und dem Juda anstelle des versprochenen Ziegenböckchens drei Pfänder abgenommen, die ihn in seiner Identität als reichen jüdischen Mann ausweisen. Als er diese Pfänder durch einen Freund auslösen wollte, war die Prostituierte, mit der er sich eingelassen hatte, verschwunden. Niemand kannte sie. Tamar war gleich nach der Begegnung nach Hause zurückgekehrt.

Als ihre Schwangerschaft bekannt wird, soll sie auf Befehl Judas verbrannt werden. Ohne Anhörung wird sie zur Richtstatt geschleppt. Aber sie schickt den Siegelring, die Schnur und den Stab ihrem Schwiegervater ins Haus mit der Botschaft: „Von dem Manne, dem dies hier gehört, bin ich schwanger" (Gen 38,25). So bringt ihre intelligente Vorsichtsmaßnahme nun die Wahrheit an den Tag. Tamars Bewußtheit und ihr planvolles Handeln widerlegen einen der ältesten frauenfeindlichen Mythen, den Glauben an die von ihren Trieben überwältigte hirnlose Frau. Die angebliche Verführerin erweist sich als Werkzeug des Heilsplans des Gottes, der auch auf krummen Linien gerade schreibt. Es ist kein Zufall, daß Juda in der Anerkenntnis seiner Vaterschaft das Wort ‚Gerechtigkeit', das auch auf Abraham angewandt wird (Gen 15,6), gebraucht. „Sie ist im Recht gegen mich" (Gen 38,26).

So unterwandert Tamar die Macht der familiären Ordnung, die für sie keine Hoffnung übrig hat. Sie ergibt sich nicht ins Verstummen all derer, die zur Ohnmacht verdammt sind. Juda, der vierte Sohn der Lea, erscheint in dieser Geschichte als

„Tamar und Juda", Gemälde von Horace Vernet (1789–1863).
Zwei Gatten, beides Söhne von Juda, hatte Tamar durch den Tod verloren. Da Juda ihr seinen jüngsten, dritten Sohn verweigerte, war sie entschlossen, den Schwiegervater zu verführen.

„Was gibst du mir,
wenn du mir beiwohnen darfst?"
Er sagte: „Ich schicke dir
ein Ziegenböcklein von der Herde."
Sie erwiderte: „Wenn du mir ein Pfand gibst, bis du es schickst." Er sagte: „Welches Pfand soll ich dir geben?"
Sie sprach: „Deinen Siegelring, deine Schnur und deinen Stab, den du in der Hand trägst."
Er gab es ihr, wohnte ihr bei, und sie wurde schwanger.

Genesis 30, 16–18

Verkörperung der rechtlich, religiös und sozial gegebenen Macht, die den Frauen immer wieder alle Anteilhabe an der Macht wegnimmt. Das Patriarchat ist in der Tat, wie es bei der Vertreibung aus dem Paradies ausgesprochen wird, ein Fluch. „Nach deinem Manne wird dein Verlangen sein, er aber wird über dich herrschen" (Gen 3, 16). Diese Ordnung ist nicht die gute der Schöpfung, sondern die des Verfalls nach der Austreibung aus dem Paradies. Sie gilt nicht für ewig, die Macht des Patriarchats hat ihre Grenzen. Tamar und andere starke Frauen dramatisieren eine ganz andere Geschichte. Gott identifiziert sich nicht mit den mächtigen Männern dieser Welt. So wehrt sich Tamar mit List und Beharrlichkeit gegen das ihr zugefügte Unrecht und wird, gleich mit zwei Söhnen, gesegnet von dem Gott, der die Stärke der Schwachen, die List der Verlierer, die Macht der Ohnmächtigen unwiderruflich zu seiner Sache erklärt hat.

Antike und mittelalterliche Quellen

Joe H. Kirchberger

Auch die Geschichte Tamars haben die jüdische Auslegung und Legende stark ausgeschmückt.

Von Tamars erstem Gatten, Judas Sohn Er, wird nur gesagt, daß er „böse vor dem Herrn“ war. Die Legende will wissen, daß er dieselbe Sünde beging wie sein Nachfolger und Bruder Onan, dessen Name noch in dem deutschen Verb weiterlebt. Von Tamar wird gesagt, daß sie Sems Tochter oder aber auch die Tochter von dessen Sohn Aram war.

„Er“ heißt: „Der Kinderlose“. Seine Mutter, Bath-Sua (Schua), war Kanaaniterin und intrigierte gegen ihre nicht-kanaanitische Schwiegertochter Tamar, so daß Er sich von ihr fernhielt. Ein Engel soll ihn schon nach drei Tagen getötet haben. Onan heiratete Tamar, noch ehe die Feierlichkeiten für Ers Beerdigung zu Ende gegangen waren! Onan lebte dann mit Tamar ein Jahr lang. Die Intrigen der Mutter dauerten an, doch Juda bedrohte Onan, so daß er sich herbeiließ, mit Tamar zu schlafen, jedoch ohne ein Kind zu zeugen. „Onan“ bedeutet „Trauer“. Nachdem er nun auch gestorben war, wollte Juda die Tamar seinem jüngsten Sohn Schela geben, der noch ein Kind war. Bath-Sua aber ließ das nicht zu, da sie Tamar haßte, und als Juda einmal abwesend war, holte sie eine kanaanitische Frau für Schela. Darüber wurde Juda sehr zornig: dies ist der Grund, warum Gott Bath-Sua sterben ließ. Nun wollte Juda aber warten, bis Schela herangewachsen war. Tamar aber hatte prophetische Gaben und wußte, daß sie die Stammutter Davids und des Messias werden sollte, und so beschloß sie, sofort zu handeln.

Juda hatte ihr Antlitz nie gesehen, da Tamar sich sittsamerweise immer verhüllt hielt. Daher erkannte er sie nicht, als sie sich ihm anbot. Für solche Sittsamkeit wurde sie belohnt, indem sie die Ahnin nicht nur Davids, sondern auch der Propheten Jesaja und Amos wurde.

Als sie sich auf dem Weg nach Timna trafen, soll Juda zunächst achtlos an Tamar vorübergegangen sein, aber sie betete, und ein Engel zwang Juda, zu ihr zurückzukehren. Die Pfänder, die sie von ihm verlangte, Ring, Schnur und Stab, sind die Symbole des Königtums, des Richteramts und des Messias; diese symbolisieren die Nachkommen der beiden.

Als über Tamar Gericht gehalten wurde, sollen Isaak, Jakob und Juda ihre Richter gewesen sein – obwohl, nach der biblischen Erzählung, Isaak damals bereits gestorben war. Juda gab als Jüngster zuerst sein Urteil ab. Es lautete, Tamar, die Tochter des Hohenpriesters Sem, solle als Hure verbrannt werden. Diesem Urteil stimmten die anderen zu. Als nun Tamar sich rechtfertigen wollte und nach den Pfändern suchte, konnte sie sie nicht finden, weil der böse Engel Sammael sie versteckt hatte. Da betete sie und versprach Gott, daß, wenn er sie vom Feuertode erretten würde, ihre Kinder den Feuertod zu seinem Ruhm nicht scheuen würden. Nun sandte Gott den Erzengel Michael – oder auch den Gabriel –, und er half ihr, die Pfänder zu finden. Als Juda diese sah, soll er – sehr bestürzt – nicht nur seine Schuld an Tamars Schwangerschaft zugegeben haben, sondern auch, daß er geholfen hatte, seinen Vater zu betrügen, als er und seine Brüder ihm den Tod Josephs vortäuschten. Auch Ruben bekannte seine Schuld, da er mit Bilha gesündigt hatte. Darauf erklärte Juda Tamar für unschuldig. Doch als er sich selbst anklagte, daß er die Heirat mit Schela zu lange hinausgezögert habe, ertönte eine Stimme von oben: „Ihr seid beide unschuldig! Daß dies geschah, war Gottes Wille!“

Die Zwillinge, die Tamar gebar, Perez und Serach, waren so tapfer und fromm wie ihr Vater Juda. Der Legende nach waren sie es, die Josua später nach Jericho als Spione sandte, wo ihnen Rachab Unterstützung gab. Der in der Bibel erwähnte Faden war derselbe, den Rachab dann als Zeichen für das Heer Josuas an ihr Fenster hängte.

In der Haggadah wird Juda eigentlich kaum wegen seines Vergehens an Tamar angeklagt, sondern für seine Ritterlichkeit und Offenheit gepriesen, als sie vor Gericht stand. Auch Tamar trifft kaum ein Vorwurf dafür, daß sie sich wie eine Hure gab. Philo sagt etwa, daß sie im Hause von Götzendienern aufwuchs, aber zum rechten Glauben bekehrt wurde, und daß als Belohnung für ihr reines Leben ihre Nachkommen den echten Erben Jakobs gleichgesetzt wurden.

Die durch Tamars Tat so komplizierten Familienverhältnisse Judas wurden bald Gegenstand eines Rätsels: Die Königin von Saba soll bei ihrem Besuch Salomo gefragt haben: „Eine Frau heiratete zwei und hatte zwei Söhne, aber alle vier hatten einen Vater.“ Salomo antwortete: „Tamar!“

„Juda und Tamar", Gemälde von Jacopo Bassano (1515–1592).
Nach dem Beischlaf mit der vermeintlich Unbekannten verspricht Juda der Tamar ein Ziegenböckchen. Als Pfand verlangt sie seinen Siegelring, seine Schnur – Zeichen seiner Richterwürde – und seinen Hirtenstab. Musée Fabre, Montpellier.

Rut

Die Moabiterin

Buch Rut:
Kapitel 1, Vers 1–22;
Kapitel 2, Vers 1–23; Kapitel 3, Vers 1–18;
Kapitel 4, Vers 1–6.13.17

Das Buch Rut, in der Bibel zwischen dem der Richter und den beiden Büchern Samuel eingeschoben, berichtet nicht vom großen politischen oder religiösen Geschehen. Es ist eine Art Idylle, die in der Form einer Novelle gestaltet ist. Ruts und Boas' Geschichte spielt eindeutig gegen Ende der Richterzeit, denn es wird gesagt, daß ihr Sohn Obed der Großvater Davids war, und die Legende will wissen, daß Rut im hohen Alter noch König Salomo in seinem Glanz erlebt hat.

Gegenüber: Nachdem Rut den ganzen Tag über Ähren aufgesammelt hatte, füllt Boas ihr noch sechs Maß Gerste in ein Tuch.
Add. ms. 22413, fol. 71r (1315–1320)
British Library, London.

Zur Zeit der Richter kam eine Hungersnot ins Land; da machte sich ein Mann aus Betlehem in Juda mit seiner Frau und seinen zwei Söhnen auf, um in den Gefilden Moabs als Fremder zu weilen. 2 Der Mann hieß Elimelech, seine Frau Noëmi und seine beiden Söhne Machlon und Kiljon; sie waren Ephratiter aus Betlehem in Juda. Sie kamen in die Gefilde Moabs, und dort blieben sie. 3 Elimelech, der Mann der Noëmi, starb, und sie hinterblieb mit ihren zwei Söhnen. 4 Sie heirateten Moabiterinnen, die eine hieß Orpa und die andere Rut. Sie blieben dort ungefähr zehn Jahre. 5 Nun starben auch die beiden, Machlon und Kiljon, und Noëmi hinterblieb allein, ohne ihre zwei Söhne und ihren Mann. 6 Da machte sie sich mit ihren Schwiegertöchtern auf, um aus den Gefilden Moabs zurückzukehren, denn sie hatte dort gehört, daß Jahwe sein Volk heimgesucht und ihm Brot gegeben habe. 7 Sie verließ also mit ihren beiden Schwiegertöchtern den Ort, wo sie gelebt hatte, und sie machte sich auf den Weg, um ins Land Juda zurückzukehren.

8 Noëmi sprach zu ihren beiden Schwiegertöchtern: „Geht nun und kehrt heim, eine jede in das Haus ihrer Mutter! Jahwe erweise euch Liebe, wie ihr sie den Toten und mir erwiesen habt. 9 Jahwe verleihe einer jeden von euch, Ruhestatt zu finden im Hause eines Mannes." Und sie küßte sie. Sie aber weinten laut 10 und sprachen: „Nein, wir wollen mit dir zu deinem Volk zurückkehren."
11 Noëmi antwortete: „Kehrt heim, meine Töchter; warum wollt ihr mit mir gehen? Habe ich noch Söhne in meinem Schoße, die eure Männer werden könnten? 12 Kehrt heim, meine Töchter, geht! Denn ich bin zu alt, um wieder zu heiraten. Selbst wenn ich sagte: Ich kann noch hoffen, und noch in dieser Nacht heiraten würde und Söhne bekäme, 13 könntet ihr warten, bis sie erwachsen wären? Wolltet ihr euch dazu verurteilen, nicht zu heiraten? Nein, meine Töchter, ich wäre tief unglücklich für euch, denn die Hand Jahwes hat sich gegen mich erhoben." 14 Und wieder fingen sie zu weinen an; dann küßte Orpa ihre Schwiegermutter und kehrte zurück zu ihrem Volk; Rut aber klammerte sich an sie. 15 Da sprach Noëmi zu ihr: „Siehst du, deine Schwägerin ist zurückgekehrt zu ihrem Volk und zu ihrem Gott. Kehre auch du zurück, folge ihr nach!" 16 Rut antwortete ihr: „Dränge mich nicht, dich zu verlassen und wegzugehen von dir. Denn wo du hingehst, will auch ich hingehn; wo du weilst, will auch ich weilen; dein Volk ist mein Volk, und dein Gott ist mein Gott. 17 Wo du stirbst, da will ich sterben, und da will ich begraben sein. Möge Jahwe mir dieses Schlimme antun und jenes andere auch noch, wenn nicht der Tod allein uns scheiden wird."

18 Als sie sah, wie Rut darauf bestand, mit ihr zu
gehen, ließ sie ab, auf sie einzureden. 19 So gingen
die beiden, bis sie nach Betlehem kamen. Als sie
dort ankamen, geriet die ganze Stadt in Bewegung;
die Frauen riefen: „Ist das Noëmi?“ 20 Sie aber
antwortete ihnen: „Nennt mich nicht mehr Noë-
mi, nennt mich Mara, denn Schaddai hat mich mit
Bitternis erfüllt. 21 Voll bin ich ausgezogen; leer
führt Jahwe mich zurück. Warum wollt ihr mich
noch Noëmi nennen, da Jahwe gegen mich
gesprochen und Schaddai an mir Schlimmes getan
hat?“ 22 So kehrte Noëmi heim und mit ihr ihre
Schwiegertochter Rut, die Moabiterin, die heim-
kehrte aus den Gefilden Moabs. Sie kamen zu
Beginn der Gerstenernte in Betlehem an.

2 1 Noëmi hatte einen Verwandten von der Sei-
te ihres Mannes; es war ein angesehener
Mann, aus derselben Sippe wie Elimelech, und er
hieß Boas. 2 Rut, die Moabiterin, sprach zu Noë-
mi: „Ich möchte aufs Feld gehen und Ähren lesen
bei einem, der mir Gunst gewährt.“ Sie antwortete
ihr: „Geh, meine Tochter!“ 3 So ging sie, kam hin
und las auf dem Felde hinter den Schnittern her;
und es fügte sich so, daß es ein Ackerstück des
Boas aus der Sippe des Elimelech war. 4 Und siehe,
da kam Boas gerade aus Betlehem und sprach zu
den Schnittern: „Jahwe sei mit euch!“ Und sie
antworteten ihm: „Jahwe segne dich!“ 5 Dann
fragte Boas den seiner Knechte, der über die
Schnitter gestellt war: „Wem gehört diese junge
Frau?“ 6 Und der Knecht, der über die Schnitter
gestellt war, antwortete: „Diese junge Frau ist die
Moabiterin, jene, die von den Gefilden Moabs mit
Noëmi heimkehrte. 7 Sie hat gesagt: ‚Darf ich wohl
lesen und Ähren sammeln hinter den Schnittern
her?‘ So ist sie gekommen und war vom Morgen
bis jetzt auf den Beinen.“

8 Boas sprach zu Rut: „Hör, meine Tochter, geh
nicht auf ein anderes Feld zum Lesen, geh nicht
von hier weg, sondern halte dich an meine
Knechte da. 9 Behalt das Ackerstück im Auge, das
sie schneiden, und folge ihnen. Ich habe den
Knechten verboten, dich zu belästigen. Und wenn
du Durst hast, geh zu den Krügen und trinke von
dem, was die Knechte schöpfen.“ 10 Da fiel Rut auf
ihr Antlitz, beugte sich tief zur Erde und sprach zu
ihm: „Warum habe ich Gnade gefunden in deinen
Augen, daß du mir entgegenkommst, wo ich doch
eine Fremde bin?“ 11 Boas antwortete ihr und
sprach: „Man hat mir berichtet, was du alles für
deine Schwiegermutter nach dem Tode ihres
Mannes getan hast, wie du deinen Vater, deine

Mutter und dein Heimatland verlassen hast und
zu einem Volk gegangen bist, das du gestern und
auch davor nicht kanntest. 12 Jahwe vergelte dir,
was du getan hast, und voller Lohn werde dir
zuteil von Jahwe, dem Gott Israels, unter dessen
Flügeln dich zu bergen du gekommen bist." 13 Sie
sprach: „Möchte ich doch Gnade finden in deinen
Augen, mein Herr! Du hast mich getröstet und
liebevoll zu deiner Magd gesprochen, wo ich doch
nicht einmal wie eine deiner Mägde bin."
14 Zur Essenszeit sprach Boas zu ihr: „Komm
her, iß von diesem Brot und tunke dein Stück in
den Weinessig!" Sie setzte sich neben die Schnitter,
und Boas gab ihr auch Röstkorn. Nachdem sie
sich satt gegessen hatte, behielt sie noch übrig.
15 Als sie dann aufstand, um zu lesen, befahl Boas
seinen Knechten: „Laßt sie auch zwischen den
Garben lesen und fahrt sie nicht an! 16 Vielmehr
sollt ihr sogar aus euren Handbündeln für sie
Ähren herausziehen und fallen lassen, so daß sie
aufsammeln kann, und schreit sie nicht an!" 17 Rut
las auf dem Felde bis zum Abend, und als sie aus-
klopfte, was sie gesammelt hatte, da war es etwa
ein Maß Gerste. 18 Sie nahm es auf, ging zur Stadt
zurück und zeigte ihrer Schwiegermutter, was sie
gelesen hatte; sie zeigte auch, was sie übrigbehal-
ten hatte, nachdem sie satt geworden war, und gab
es ihr. 19 Ihre Schwiegermutter fragte sie: „Wo hast
du heute gelesen, wo hast du gearbeitet? Gesegnet
sei, wer dir entgegenkam!" Rut erzählte ihrer
Schwiegermutter, bei wem sie gearbeitet hatte; sie
sprach: „Der Mann, bei dem ich heute gearbeitet
habe, heißt Boas." 20 Noëmi sprach zu ihrer
Schwiegertochter: „Gesegnet sei er von Jahwe, der
seine Gnade nicht entzogen hat den Lebenden und
Toten!" Und weiter sprach Noëmi: „Dieser Mann
ist ein Verwandter von uns; er gehört zu unseren
Lösern." 21 Da sprach Rut zu ihrer Schwiegermut-
ter: „Er hat sogar zu mir gesagt: ‚Halte dich an
meine Knechte, bis sie mit meiner ganzen Ernte
fertig sind!'" 22 Noëmi sprach zu ihrer Schwieger-
tochter Rut: „Das ist gut, meine Tochter, geh mit
seinen Knechten, damit du nicht etwa auf einem
anderen Feld schlecht aufgenommen wirst." 23 So
hielt sich also Rut an die Knechte des Boas bis zum
Ende der Gerstenernte und der Weizenernte. Und
sie blieb weiter bei ihrer Schwiegermutter.
3 1 Und Noëmi, ihre Schwiegermutter, sprach
zu ihr: „Meine Tochter, soll ich dir nicht eine
Ruhestatt suchen, damit es dir gut gehe? 2 Ist Boas,
dessen Knechten du gefolgt bist, nicht unser Ver-
wandter? Nun, heute abend worfelt er die Gerste
auf seiner Tenne. 3 Darum wasche und salbe dich;
zieh dich an und geh zur Tenne hinunter, aber laß
dich von ihm nicht erkennen, ehe er mit Essen und
Trinken fertig ist. 4 Wenn er sich hinlegt, merke dir
die Stelle, wo er schläft; dann geh hin, decke den
Platz zu seinen Füßen auf und lege dich dort hin.
Er wird dir mitteilen, was du zu tun hast." 5 Und
sie antwortete ihr: „Alles, was du mir sagst, will
ich tun."
6 Sie ging also zur Tenne hinunter und tat alles,
was ihre Schwiegermutter ihr geboten hatte. 7 Als
Boas gegessen und getrunken hatte, ging er guter
Dinge hin, um sich am Ende des Körnerhaufens
schlafen zu legen. Da kam Rut ganz leise herzu,
deckte den Platz zu seinen Füßen auf und legte sich
hin. 8 In der Mitte der Nacht verspürte der Mann
ein Frösteln, und als er um sich blickte, sah er eine
Frau zu seinen Füßen liegen. 9 Da rief er: „Wer bist
du?" Sie antwortete: „Ich bin Rut, deine Magd.
Breite deinen Gewandzipfel über deine Magd,
denn du bist der Löser!" 10 Er sprach: „Gesegnet
seist du von Jahwe, meine Tochter! Diese letzte Tat
deiner Kindesliebe ist noch besser als die erste, da
du nicht den jungen Männern, ob arm oder reich,
nachläufst. 11 Darum fürchte dich nicht, meine
Tochter! Alles, was du sagst, will ich für dich tun,
denn alle Welt an Betlehems Tor weiß, daß du eine
vollkommene Frau bist. 12 Wenn es aber auch
wahr ist, daß ich Löser bin, so ist da doch noch ein
Löser, der dir näher verwandt ist als ich. 13 Bleibe
die Nacht hier; will er dich dann am Morgen
lösen, nun gut, so löse er; will er dich aber nicht
lösen, dann – so wahr Jahwe lebt – will ich dich
lösen." 14 Sie blieb also zu seinen Füßen liegen bis
zum Morgen. Boas erhob sich, noch ehe ein
Mensch den anderen erkennen konnte, denn er
sagte sich: „Man braucht nicht zu wissen, daß
diese Frau auf die Tenne gekommen ist." 15 Dann
sprach er: „Gib das Tuch, das du über dich
geschlagen hast, und halte es auf!" Sie hielt es hin,
er tat sechs Maß Gerste hinein und legte sie ihr
auf; dann ging sie zur Stadt zurück.
16 Als Rut zu ihrer Schwiegermutter kam, sprach
diese zu ihr: „Wie steht es mit dir, meine Tochter?"
Rut erzählte ihr alles, was der Mann für sie getan
hatte. 17 Und weiter sprach sie: „Diese sechs Maß
Gerste hat er mir gegeben und gesagt: ‚Du sollst
nicht mit leeren Händen zu deiner Schwiegermut-
ter zurückkommen.'" 18 Noëmi antwortete ihr:
„Bleib ruhig, meine Tochter, bis du weißt, wie die
Sache ausgeht; der Mann wird sicher nicht ruhen,
bis er die Sache heute noch zu einem guten Ende
gebracht hat."
4 1 Unterdessen war Boas zum Tor hinauf-
gegangen und hatte sich dort hingesetzt. Und
siehe, der Löser, von dem Boas gesprochen hatte,
ging gerade vorüber. Er sprach zu ihm: „Komm
her und setz dich!" Und der Mann kam herbei und
setzte sich. 2 Boas holte zehn Männer von den Äl-
testen der Stadt und sprach: „Setzt euch", und sie

setzten sich. 3 Dann sprach er zu dem Löser: „Das
Ackerstück, das unserem Bruder Elimelech gehör-
te, will Noëmi, die von den Gefilden Moabs
heimgekehrt ist, verkaufen. 4 Ich dachte mir, es
wäre gut, dich zu unterrichten und zu sagen: Er-
wirb es vor denen, die hier sitzen, und vor den Äl-
testen meines Volkes. Willst du lösen, dann löse,
und wenn du nicht lösen willst, dann laß es mich
wissen; denn niemand kann außer dir lösen, ich
komme erst nach dir." Der Mann antwortete: „Ja,
ich will lösen." 5 Boas sprach weiter: „Mit dem
Tage, da du aus der Hand Noëmis das Feld er-
wirbst, erwirbst du auch Rut, die Moabiterin, die
Frau des Verstorbenen, um den Namen des Ver-
storbenen auf seinem Erbbesitz zu erhalten." 6 Da
sprach der Löser: „Dann kann ich es mir nicht
lösen, sonst schädige ich meinen eigenen Erb-
besitz; übe du mein Löserecht aus, denn ich kann
es nicht ausüben."
13 Boas heiratete also Rut, und sie wurde seine
Frau. Als er zu ihr eingegangen war, schenkte ihr
Jahwe, daß sie empfing, und sie gebar einen Sohn.
17 Die Nachbarinnen gaben ihm einen Namen; sie
sprachen: „Noëmi wurde ein Sohn geboren", und
sie nannten ihn Obed. Er ist der Vater Isais, des
Vaters Davids.

Vorherige Seite: Noëmi befürchtet, daß ihre beiden verwitweten moabitischen Schwiegertöchter es in Juda schwer haben würden, wieder einen Mann zu finden; sie gibt ihnen deshalb den wohlgemeinten Rat, in ihrem Heimatland zu bleiben. Doch nur Orpa geht darauf ein, während Rut entschlossen ist, bei Noëmi zu bleiben, wohin diese auch gehe.
Gemälde von Salvador Dalí (1904–1989).

Rechts: Auf seinem als „Sommer" betitelten Erntebild zeigt Nicolas Poussin (1594–1665) die biblische Szene der Getreideernte von Boas mit seinen Knechten und Mägden, zu denen sich Rut gesellt hat. Boas gibt seinen Knechten Anweisung, absichtlich viele Ähren vor Rut fallen zu lassen.
Louvre, Paris.

Die Geschichte einer Freundschaft

Dorothee Sölle

Goethe hat das Buch Rut gepriesen, „weil es bei seinem hohen Zweck, einem Könige von Israel anständige, interessante Vorfahren zu verschaffen, zugleich als das lieblichste kleine Ganze betrachtet werden kann, das uns episch und idyllisch überliefert worden ist".

Gehen wir vom ‚hohen Zweck' des Büchleins aus, so gehört die Moabiterin Rut wie Tamar und Rachab in die Mütterreihe des David hinein, Ausländerinnen, Nichtangehörige des Volkes Israel, die aus Wahl und freiem Entschluß es mit Israel und seinem Gott halten, ja die alles daransetzen, in der Gemeinschaft mit dem Gottesvolk zu bleiben. Hungersnot und Flucht, Ansiedlung in der Fremde und schwergemachte Heimkehr stellen den sozialgeschichtlichen Hintergrund dar. Wie überlebten die Menschen solche Massenschicksale?

„Dein Volk ist mein Volk, und dein Gott ist mein Gott" (Rut 1, 16), sagt die Moabiterin Rut zur Israelitin Noëmi, ihrer Schwiegermutter. In einer vormodernen, stammesgebundenen, ethnozentrischen Welt ist dieses Verhalten nicht die Norm, sondern die Abweichung; darum setzt der Erzähler, schriftstellerisch geschickt, der Rut eine andere Frau aus Moab zur Seite, die den anderen Weg geht und bei ihrem Volk und seinen Normen bleibt. Orpa („die den Nacken zeigt, sich abwendet") läßt sich von ihrer Schwiegermutter zur Rückkehr bewegen. Noëmi spielt in dieser Geschichte die Rolle, die sonst Patriarchen spielen: die weise und gütige, lebenserfahrene Frau, die ihre Schwiegertöchter umsorgt, als seien es ihre eigenen Kinder. Sie redet ihnen zu, den vernünftigen Weg zu gehen und das Lebensziel, „Ruhestatt zu finden im Hause eines Mannes" (Rut 1, 9), in ihrem eigenen Land zu erreichen. Orpa folgt dem Rat unter Tränen und Küssen. Rut bleibt bei der älteren Frau – in einer tiefen Anhänglichkeit: schutzbedürftig und fürsorglich zugleich.

Die Beziehung zwischen den beiden Frauen, der Israelitin Noëmi, die in Moab heimisch wurde, nun aber nach dem Tod ihres Mannes und ihrer Söhne wieder zurückwandert, und Rut, deren Name wohl mit „Freundin" am besten gedeutet ist, ist eine der schönsten Freundschaftsgeschichten in der Bibel. Kein Zufall, daß das Versprechen der Rut an diese ihre andere Mutter, oft aus dem Zusammenhang gelöst und auf die eheliche Beziehung hin gedeutet wird, etwa als Trauspruch. „Wo du hingehst, will auch ich hingehen; wo du weilst, will auch ich weilen" (Rut 1, 16). Es ist eine Frauenfreundschaft, die auf Gegenseitigkeit und Respekt beruht. Nachdem Rut ihren Entschluß feierlich bekräftigt hat, anerkennt die ältere Frau diese Realität und „läßt ab, ihr zuzureden" (Rut 1, 18). Es ist nicht ein Verhältnis des Machtkampfes wie zwischen Simson und Delila, die ihrem Mann unaufhörlich mit Zureden, Argumenten, Betteleien zusetzt, sondern eine Beziehung gegenseitiger Abhängigkeit, die freiwillig gewählt wurde (und somit bestimmte Schwierigkeiten des Mutter-Tochter-Verhältnisses nicht erst zu überwinden lernen muß). Die Freundschaft dieser beiden Frauen beruht auf Vertrauen und Respekt zugleich. Beide binden sich aneinander in ihren Schwächen und Stärken: die Ausländerin Rut braucht die einheimische Noëmi, um Fuß im anderen Land zu fassen, was in der damaligen Welt ausschließlich in Ehe und Mutterschaft verwirklicht werden konnte – und die alternde und sich ihrer Vereinsamung sehr bewußte Noëmi kann nicht mehr auf den Acker gehen zum Ährenlesen, sie braucht die tatkräftige Hilfe der jüngeren Frau. Beide Frauen brauchen den Schutz der anderen, um in der Männerwelt zu überleben. Beide sind verwitwet, was ihre Rechte mindert und sie schutzlos macht. Die jüngere, Rut, fürchtet sich vor den Nachstellungen der Männer am Arbeitsplatz, die ältere muß sich Sorgen um ihren Unterhalt machen. Es ist diese Frauensolidarität, die der Geschichte den unverwechselbaren Ton des Glücks und der Heiterkeit, in der Sprache des 18. Jahrhunderts: der Idylle, gibt.

Was Tamar allein tun mußte, das tun hier zwei Frauen zusammen, in gesitteter, weniger anrüchiger Form. Die Aktivität geht von Noëmi aus, sie plant, den reichen und großzügigen Boas aus Betlehem mit Rut zu verheiraten. Eine Rechtsbasis für die Verehelichung ist gegeben, Boas ist als Verwandter wie gemacht für die Rolle des Go-el, des ‚Lösers', der die Pflicht hat, durch die Verheiratung mit der Erbtochter das verfallene Erbe wieder an die zuständige Familie zu bringen. Es braucht nur eines gewissen Anstoßes, um dem Boas diese rechtlich vorgegebene Rolle klarzumachen. Hier setzt Noëmis List ein, die von fern an die Geschichte Tamars erinnert, die sich als Dirne verkleidete und verhielt, um in die Reihe der ‚Mütter' zu gelangen. Noëmi schickt die Rut zwar auch schön zurechtgemacht, ebenfalls im Dunkel

„Dränge mich nicht, dich zu verlassen und wegzugehen von dir. Denn wo du hingehst, will auch ich hingehen; wo du weilst, will auch ich weilen; dein Volk ist mein Volk, und dein Gott ist mein Gott.
Wo du stirbst, da will ich sterben, und da will ich begraben sein.
Möge Jahwe mir dieses Schlimme antun und jenes andere auch noch,
wenn nicht der Tod allein uns scheiden wird."

Rut 1,16–17

Oben: Gemälde „Noemi mit ihren beiden Schwiegertöchtern" des englischen Präraffaeliten William Blake (1757–1827). Noëmi hatte den verwitweten moabitischen Schwiegertöchtern Rut und Orpa geraten, sie alleine nach Juda ziehen zu lassen. Doch Rut ist entschlossen, bei Noëmi zu bleiben und sie niemals zu verlassen.
Victoria and Albert Museum, London.

der Nacht und zunächst unerkannt bleibend, zu Boas. Aber wo Juda hereingelegt wurde, bleibt der Boas ein rechtlich verantwortlich denkender Grundbesitzer. Rut bittet ihn, nachdem sie sich zu erkennen gegeben hat, seinen Mantel, den Zipfel seines Gewandes, wörtlich: seine Flügel, über sie auszubreiten. Das Bedecken mit dem Gewand war semitischer Brauch, um einen Eigentumsanspruch auf eine Person zu erheben, der zugleich für die so Bedeckte einen Schutz darstellte. Beim Propheten Ezechiel heißt es über Gottes Verbindung mit Jerusalem: „Da ging ich an dir vorüber und sah dich, und siehe, die Zeit der Liebe war für dich gekommen. Ich breitete meinen Gewandzipfel über dich und deckte deine Blöße zu. Ich band mich durch einen Schwur an dich und schloß einen Bund mit dir… und du wurdest mein" (Ez 16, 8). Indem Rut bittet: „Breite deinen Gewandzipfel über deine Magd", bittet sie ihn um die Ehe, die kurze Zeit später ‚im Tor', wo zivilrechtliche Angelegenheiten entschieden wurden, rechtsgültig wird.

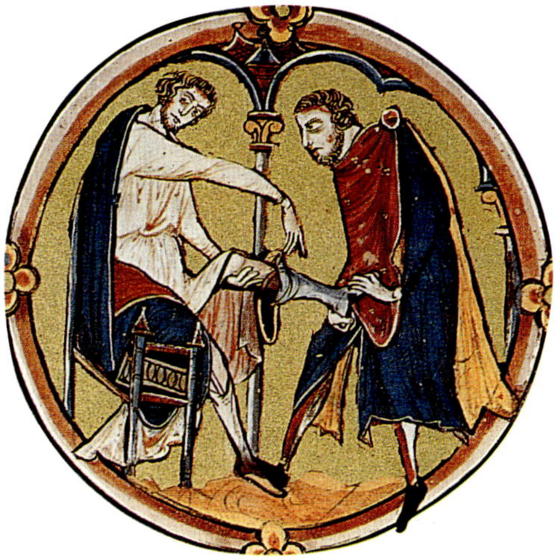

Oben: Vier Illustrationen aus der Bible Moralisée des Codex Vindobonensis 2554, fol. 34v, Anfang 13. Jahrhundert, auf denen die Geschichte von Rut und Boas dargestellt ist. Von links nach rechts: Boas deckt seinen Mantel über die schlafende Rut; Lot läßt sich von Boas einen Schuh ausziehen als rechtliches Symbol dafür, daß er sein Schutzrecht über Rut an Boas abtritt; Boas heiratet offiziell Rut; Rut und Boas wird ein Söhnchen geschenkt.
Österreichische Nationalbibliothek, Wien.

Gegenüber: Marc Chagall (1887–1985): Noëmi rät ihren moabitischen Schwiegertöchtern, in ihrem Heimatland zu bleiben und sie alleine nach Juda ziehen zu lassen.
Musée National du message biblique, Nizza.

Hier könnte die Geschichte enden, aber dann wäre sie nicht so sehr Geschichte von Frauen und Geschichte der Beziehungen, die sie untereinander haben. Als Rut dem Boas ein Kind geboren hat, taucht Noëmi noch einmal auf, und das Wort ‚Löser', das zunächst auf Rut bezogen war (Rut 2, 20), wird nun Noëmi zugesprochen, auch von ihr wird der Fluch, kinderlos zu sterben, genommen. Zugleich wendet sich die Erzählung noch einmal dem Grundthema der Freundschaft zwischen zwei Frauen zu. „Deine Schwiegertochter, die dich liebt, hat ihn (den Sohn und künftigen Großvater des Königs David) geboren; mehr ist sie dir wert als sieben Söhne" (Rut 4, 15). Noëmi nimmt das Kind und legt es auf ihren Schoß, was als eine Art Adoption gedeutet werden kann; sie ist seine Wärterin. Die Nachbarinnen, die nun wie ein griechischer Chor am Ende der Geschichte wieder auftauchen, erklären: „Noëmi wurde ein Sohn geboren" (Rut 4, 17). Sie, die Frauen, sind es, die dem Kind einen Namen geben.

Epreuve d'artiste
Marc Chagall

Antike und mittelalterliche Quellen

Joe H. Kirchberger

Die Entstehungszeit der Novelle ist umstritten: Früher nahm man an, daß sie erst in der nachexilischen Zeit geschrieben wurde, und zwar als eine Art von Protest gegen die orthodoxe Politik der nachexilischen Führer Esra und Nehemia, die Mischehen, z. B. mit Moabitern, verboten; denn die Tendenz des Buches ist eindeutig: Es will zeigen, daß es weniger auf Abstammung als auf Tugend und fromme Gesinnung ankommt. Neuerdings nimmt man aber an, daß das Buch bedeutend früher, nämlich zur Königszeit, entstand. Die Tatsache, daß kein späterer König nach David genannt wird, scheint darauf hinzuweisen. Die Geschichte kann auch nicht frei erfunden sein, denn man hätte dem Königshaus und dem künftigen Messias wohl keine heidnische Ahnfrau angedichtet.

In der jüdischen Legende wird Noëmi (oder auch: Naomi oder Noomi) als Ammoniterin bezeichnet. Sie sowohl wie ihre Schwiegertöchter Orpa und Rut, die Moabiterinnen waren, stammten daher von den Töchtern Lots ab. In jedem Fall war der Riese Goljat, später durch seinen Kampf mit David berühmt, ein Sohn der Orpa. Bei der Trennung soll diese noch vierzig Schritte mit Noëmi gegangen sein und dann, beim Abschied, vier Tränen vergossen haben. Deshalb durfte ihr Sohn Goljat seine Kraft vierzig Tage lang zur Schau stellen, und Orpa wurde mit vier Riesensöhnen gesegnet.

Sobald sie sich von Noëmi getrennt hatte, kehrte Orpa zu ihrem alten Aberglauben zurück, denn sie hatte – anders als ihre Schwägerin Rut – den jüdischen Glauben nur aus Berechnung, nicht aus Überzeugung angenommen. Auch lebte Orpa sogleich sündhaft. Zum Schluß wurde sie von Abischai erschlagen, den sie zu töten gedroht hatte. Abischai war auf dem Wege zu David, denn dieser war von Ishbi, dem Riesen-Bruder des Goljat, aus Rache für seines Bruders Tod in eine Weinpresse gezwungen worden, denn Gott hatte ihm zur Strafe für sein Vergehen mit Batscheba seine Kraft genommen.

Die Gatten der Orpa und Rut, Machlon und Kiljon, mußten früh sterben um der Sünden ihres Vaters Elimelech willen, der sehr geizig war. Jedenfalls soll David dem sterbenden Goljat gesagt haben: Deine Mutter war Orpa, die den Glauben der Philister annahm, meine Mutter (das heißt hier wohl: meine Vorfahrin) dagegen war Rut, die den rechten Glauben annahm. Die vierzig Glanz-Tage des Goljat werden übrigens von andern Interpreten mit den vierzig Tagen in Verbindung gebracht, in denen das Volk Israel in der Wüste Gottes Gesetze empfing.

Nach der jüdischen Legende hatte Gott Rut schon lange in seine Pläne mit einbezogen. Denn zu Moses Zeit hatte er Israel befohlen, Krieg gegen die Midianiter und Moabiter zu führen, und Mose zog denn auch gegen Moab; aber erst David kämpfte gegen die Moabiter. Das hatte drei Gründe: Erstens war Moab gegen Israel feindlich gestimmt, weil Israel die Moabiter ständig mit Plünderungen bedrohte. Zweitens wollten die Moabiter die Israeliten zwar töten, die Midianiter aber wollten sie zur Sünde verleiten: das war die schlimmere Drohung. Drittens aber sagte Gott: „Verzögert den Krieg gegen Moab, denn dort habe ich etwas Wertvolles verloren. Sobald ich es wiedergefunden habe, könnt ihr euch an Moab rächen." Dies bezog sich auf Rut.

Die Teuerung im Lande Israel, die Elimelech und seine Familie nach Moab trieb, hatte Gott seinem Volke als Strafe für seine Sünden gesandt. Es herrschte da nicht nur Mangel an Brot, sondern auch an dem Worte Gottes. Der geizige Elimelech hatte nichts getan, um seinen Stammesgenossen zu helfen. Da er sehr reich war, wurden seine Söhne in Moab zu hohen Offizieren im Heere ernannt. Sie sollen sogar die Töchter des Königs von Moab geheiratet haben. Aber dann verarmten sie und mußten früh sterben.

Als Noëmi sich zur Heimkehr entschloß, sah sie wohl voraus, daß ihre beiden moabitischen Schwiegertöchter in Israel verachtet werden würden, zumal damals in Jerusalem jede Bevölkerungsklasse in ihrem eigenen Distrikt leben mußte. Dennoch konnte sie nicht schnell genug in ihre Heimat zurückkehren; obwohl sie nur in Lumpen gekleidet und barfuß war, wanderte sie unermüdlich, sogar an den Sabbat-Tagen.

Ruts erste Bitte, Noëmi begleiten zu dürfen, mußte von ihr abgeschlagen werden: Nach dem Gesetz darf eine Proselytin (Neubekehrte) nur dann angenommen werden, wenn sie zweimal darum bittet. Noëmi warnte Rut auch vor den Unannehmlichkeiten, die sie erwarteten: Sie würde den Sabbat und alle Festtage einhalten müssen, würde nicht ins Theater oder in den Zirkus gehen dürfen, wie sie es von den Moabitern

her gewohnt war. Aber Rut ließ sich davon nicht abschrecken.

Noëmi und Rut kamen nach Betlehem an dem Tag, an dem Boas' Frau begraben wurde. Nach anderen Fassungen soll es aber der erste Tag des Passahfestes gewesen sein.

Boas war erstaunt, daß Rut niemals Ähren aufnahm, wenn seine Leute mehr als zwei hatten fallen lassen, denn so schreibt es das Armengesetz vor. Sie war zu seinem Felde gekommen, weil ein Engel sie dorthin geführt hatte. Als er sie lobte, daß sie sich zum Judentum bekehrt hatte, antwortete sie: „Deine Vorfahren hatten keine Freude an Timna (der Frau von Eliphas, Esaus Sohn), obwohl sie von königlichem Blute war. Ich aber gehöre nur einem geringen Volke an, das von Gott verachtet wird und von der Gemeinde Israels ausgeschlossen bleibt." Da aber erinnerte eine Stimme vom Himmel den Boas, daß nur männliche Angehörige der Moabiter- und Ammoniterstämme von Israel ausgeschlossen waren. Dies wußte Rut nicht, Boas erst teilte es ihr mit.

Sie soll sich Boas gegenüber als seine Dienerin bezeichnet haben, er aber sagte ihr: „Du wirst als eine der Mütter Israels gelten, und Könige und Propheten sollen aus deinem Schoße kommen." Er sorgte auch für ein würdiges Begräbnis des Elimelech und seiner Söhne.

Wenn Boas, von Betlehem kommend, seine Schnitter grüßt: „Der Herr sei mit euch!" und sie entsprechend antworten, so mußte der Himmel diese Worte sanktioniert haben, denn der Name Gottes durfte sonst im Alltag nicht erwähnt werden. Gott segnete auch die wenigen Ähren, die Boas Rut gab, so daß sie genügend zu essen hatte. Boas befahl sogar seinen Leuten, Ähren fallen zu lassen, so daß Rut sie aufheben könnte. Sie aber nahm nur das Nötigste. Als sich das Tag für Tag wiederholte, wurde Noëmi argwöhnisch. Sie vermutete, daß Rut einen Liebhaber auf dem Feld hatte, der ihr die Ähren zukommen ließ. Als sie sich überzeugt hatte, daß ihre Vermutung unbegründet war, glaubte sie, daß Boas und Rut eine heimliche Heirat planten. Sie versuchte, Rut das Geheimnis zu entlocken. Da Rut aber von nichts wußte, entwarf Noëmi den Plan, Rut des Nachts zu Boas zu schicken. Rut ging zwar auf den Plan ein, fürchtete sich aber, im Dunkeln auf die Straße zu gehen, und schmückte sich weit weniger, als Noëmi vorgeschlagen hatte, um nicht die Aufmerksamkeit der jungen Männer zu erregen, die ihr auf der Straße begegneten.

Boas war ein Mann von einfachen Sitten. Denn obwohl er reich und schon achtzig Jahre alt war, schlief er auf der Tenne. Als er Rut neben sich entdeckte, glaubte er zuerst, sie sei ein Dämon. Sie beruhigte ihn: „Du bist der Abkömmling von Fürsten und ein ehrenwerter Mann, ich aber, in der Blüte meiner Jahre, mußte meine Heimat verlassen, wo Abgötterei getrieben wird, und hier werde ich ständig von lüsternen jungen Männern verfolgt. Darum bin ich zu dir, meinem Retter, gekommen, daß du dein Hemd über mich ausbreitest." Nach den meisten Legenden widerstand Boas jeder Versuchung und sagte ihr: „Wenn mein älterer Bruder Tob (der in der Bibel nicht genannt wird) dich nicht wünscht, werde ich die Rolle deines Beschützers übernehmen."

Am folgenden Tage ging Boas zum Sanhedrin, der höchsten jüdischen Verwaltungs- und Gerichtsbehörde, um die Angelegenheit zu regeln. Tob erschien sehr bald, denn ein Engel hatte ihn dorthin geleitet. Da er in der Thora nicht bewandert war, wußte er nicht, daß das Heiratsverbot für Moabiter sich nur auf die Männer bezog, und lehnte daher ab, Rut zu heiraten. So nahm Boas sie zur Frau. Rut war damals vierzig Jahre alt, und daß die beiden trotz ihres Alters noch einen Sohn hatten, ist nur durch ein Wunder zu erklären. Noëmi, in ihrer Jugend Boas' Pflegerin, wurde nun noch die Pflegerin seines und Ruts Sohnes, Obed.

Bei Josephus gibt es einige Varianten zu der biblischen Erzählung. Nach ihm wollte auch Orpa sich nicht von Noëmi trennen, bis diese sie beschwor, ihr Vaterland nicht zu verlassen. Vor dem Ältestenrat ist der „nächste Verwandte" (auch hier nicht bei Namen genannt) zunächst durchaus bereit, das Erbe Elimelechs anzutreten, bis ihn Boas darauf aufmerksam macht, daß er dann auch die Witwe des Machlon zu heiraten habe. Daraufhin änderte er seine Entscheidung. Ruts Sohn Obed wurde dann von Noëmi Obed, d. h. „Diener", genannt, weil sie ihn zur Pflege ihres Greisenalters aufzog.

Vorherige Seite: Rut mit ihrem Söhnchen Obed, eines der Fresken in den Lünetten der Sixtinischen Kapelle von Michelangelo (1475–1564), in denen die Vorfahren Christi dargestellt sind. Rut, die gebürtige Moabiterin, ist nämlich über ihren Sohn, der der Großvater von König David wurde, Stamm-Mutter Jesu.

Gegenüber: Marc Chagall (1887–1985): Nach der Tagesarbeit auf dem Feld bringt Rut am Abend Noëmi einen überraschend großen Anteil an Ähren und noch Gerstenkörner, die Boas ihr zusätzlich geschenkt hat. Musée National du message biblique, Nizza.

Epreuve d'artiste

Marc Chagall

Abigail
Triumph der Klugheit

1 Samuel
Kapitel 25, Vers 1–44

Oben: Abigail, die Frau Nabals, bringt David Eßwaren und bittet um Schonung für ihren Mann.
Bible Moralisée des Codex Vindobonensis 2554, fol. 41, Anfang 13. Jahrhundert.
Österreichische Nationalbibliothek, Wien.

Gegenüber: Auf der Federzeichnung von Albrecht Altdorfer (ca. 1480–1538) ist im Vordergrund eines hochformatigen Landschaftsbildes die Begegnung von David und Abigail dargestellt. Sie ist ihm entgegengeritten, um seinen Zorn gegen ihren brutalen, geizigen Mann, der das Gastrecht mißachtete, durch diplomatische Worte und reiche Geschenke zu besänftigen.
Kupferstichkabinett, Preußischer Kulturbesitz, Berlin.

Da starb Samuel. Ganz Israel versammelte sich
und hielt ihm die Totenklage. Dann begrub
man ihn in seiner Heimat in Rama.
David aber brach auf und zog in die Wüste
Maon hinab. 2 In Maon lebte ein Mann, der seinen
Wirtschaftsbetrieb in Karmel hatte. Der Mann
war sehr reich. Besaß er doch dreitausend Schafe
und tausend Ziegen. Er war gerade bei der Schur
seiner Schafe in Karmel. 3 Der Mann hieß Nabal,
seine Frau Abigail. Die Frau hatte einen scharfen
Verstand und war von schöner Gestalt. Der Mann
dagegen war roh und bösartig, er war ein Kalebi-
ter. 4 David erfuhr in der Wüste, daß Nabal Schaf-
schur halte. 5 Da schickte er zehn junge Leute hin.
Und David trug den jungen Leuten auf: „Geht
nach Karmel hinauf, sucht den Nabal auf und
bestellt ihm einen Gruß von mir. 6 Sagt folgendes
zu meinem Bruder: ‚Heil dir, Heil deinem Hause,
Heil allem, was dir zu eigen ist! 7 Siehe, ich habe
gehört, daß man bei dir Schafschur hält. Nun
haben deine Hirten sich bei uns hier aufgehalten,
ohne daß wir ihnen ein Leid angetan hätten. Sie
haben auch nichts vermißt während all der Zeit,
die sie in Karmel verbrachten. 8 Frage nur deine
Leute, sie werden es dir bestätigen. Mögest du
deshalb den jungen Leuten gegenüber dich huld-
voll erweisen. Wir sind ja zu einem Festtage
gekommen. So gib denn deinen Knechten und dei-
nem Sohne David, was du gerade zur Hand hast.'"
9 Als die jungen Leute Davids hinkamen, richte-
ten sie an Nabal all diese Worte Davids aus und
warteten dann. 10 Nabal aber erwiderte den
Knechten Davids folgendes: „Wer ist David, und
wer ist der Sohn des Isai? Heutzutage gibt es genug
Knechte, die ihrem Herrn entlaufen. 11 Soll ich
mein Brot und meinen Wein und mein Schlacht-
vieh, das ich für meine Scherer geschlachtet habe,
nehmen und es den Leuten geben, von denen ich
nicht weiß, woher sie sind?" 12 Da wandten sich
die jungen Leute Davids ab, machten sich auf den
Rückweg und berichteten ihm nach ihrer Ankunft
genau, was alles vorgefallen war. 13 Hierauf befahl
David seinen Mannen: „Jeder gürte sein Schwert
um!" Und jeder gürtete sein Schwert um. Nach-
dem auch David sein Schwert umgegürtet hatte,
marschierten sie unter Davids Führung ab, etwa
vierhundert Mann. Zweihundert blieben beim
Gepäck zurück. 14 Inzwischen hatte einer von den
Knechten an Abigail, die Frau Nabals, folgende
Mitteilung gemacht: „Siehe, David hat Boten aus
der Wüste gesandt, um unsern Herrn zu begrüßen;
er aber hat sie angefahren. 15 Dabei sind doch diese
Männer sehr gut zu uns gewesen. Wir wurden
nicht belästigt, und nie haben wir etwas vermißt
während all der Zeit, da wir in ihrer Nähe umher-
zogen, während wir auf dem Felde waren. 16 Sie

waren vielmehr eine Mauer um uns bei Tag und
Nacht, solange wir das Kleinvieh in ihrer Nähe
hüteten.[17] Darum überlege jetzt und sieh zu, was
du tun willst; denn das Unheil ist beschlossen über
unsern Herrn und sein ganzes Haus. Aber er ist
selber ein zu bösartiger Mann, als daß man mit
ihm reden könnte." [18] Da nahm Abigail schnell
zweihundert Brote, zwei Schläuche Wein, fünf
zubereitete Schafe, fünf Maß geröstetes Korn,
hundert Traubenkuchen und zweihundert Feigen-
kuchen und lud es auf Esel. [19] Dann befahl sie
ihren Knechten: „Geht mir voraus, ich komme
gleich hinter euch her." Ihrem Manne Nabal aber
sagte sie nichts. [20] Als sie nun auf einem Esel, vom
Berge verdeckt, ritt, kam David mit seinen Leuten
gerade herunter, ihr entgegen, so daß sie mit ihnen
zusammentraf. [21] David aber hatte soeben
gedacht: „Rein umsonst also habe ich in der Wüste
diesem Menschen alles beschützt, was er besitzt.
Nicht das Geringste von seiner ganzen Habe ist
abhanden gekommen; er aber hat mir nun Gutes
mit Bösem vergolten. [22] Dies und jenes soll Gott
dem David antun, wenn ich von allem, was ihm
gehört, bis zum Morgengrauen auch nur einen
übriglasse, der an die Wand pißt." [23] Sobald Abi-
gail den David erblickte, stieg sie eilends vom Esel
ab, warf sich vor David auf ihr Angesicht und ver-
neigte sich bis zur Erde. [24] Dann fiel sie vor ihm auf
die Knie und sagte: „Auf mich, mein Herr, komme
die Schuld! Möge deine Magd vor dir reden
dürfen, und mögest du die Worte deiner Magd
anhören! [25] Möge mein Herr sich nicht um diesen
bösartigen Menschen, den Nabal, kümmern. Er ist
ja wirklich, was sein Name besagt: ‚Tor' heißt er,
und voll Torheit ist er. Ich dagegen, deine Magd,
habe die Leute, die du, mein Herr, gesandt hast,
nicht gesehen. [26] Nun denn, mein Herr, so wahr
Jahwe lebt und so wahr du lebst: Jahwe hat dich
davor bewahrt, Blutschuld auf dich zu laden und
dir mit eigener Hand zum Rechte zu verhelfen.
Mögen also deine Feinde dem Nabal ähnlich wer-
den samt allen, die Böses gegen dich sinnen, mein
Herr. [27] Und nun, dieses Geschenk, das deine
Magd, mein Herr, mitgebracht hat, möge für die
Leute verwendet werden, die dir, mein Herr, auf
deinen Zügen folgen. [28] Verzeihe deiner Magd ihr
Vergehen; denn Jahwe wird meinem Herrn ein
Haus von Dauer gründen, weil mein Herr die
Schlachten Jahwes schlägt und weil nichts Böses
sich an dir finden wird dein Leben lang. [29] Wenn
aber einer sich erhebt, um dich zu verfolgen und
dir nach dem Leben zu trachten, so möge die Seele
meines Herrn eingebunden sein in den Beutel des
Lebens bei Jahwe, deinem Gott. Die Seele deiner
Feinde aber möge er fortschleudern in der Schleu-
derkappe. [30] Wenn dann Jahwe meinem Herrn all
das Glück gewährt, das er dir verheißen hat, und
dich zum Herrscher über Israel bestellt, [31] dann,
mein Herr, wird es dir nicht zum Anstoß und zum
Gewissensbiß gereichen, ohne Grund Blut vergos-
sen zu haben, mein Herr, und dir mit deiner eige-
nen Hand Recht verschafft zu haben. Wenn aber
Jahwe meinem Herrn Glück verleiht, dann
gedenke deiner Magd." [32] Da sprach David zu
Abigail: „Gepriesen sei Jahwe, der Gott Israels,
der dich heute mir entgegengesandt hat. [33] Geprie-
sen sei auch deine Klugheit, und gepriesen seist du
selbst, die du mich heute davon abgehalten hast,
Blutschuld auf mich zu laden und mir mit eigener
Hand Recht zu verschaffen. [34] Aber, so wahr Jah-
we, der Gott Israels, lebt, der mich davor bewahrt
hat, dir ein Leid anzutun: Wenn du dich nicht
beeilt hättest, mir entgegenzukommen, so wäre
dem Nabal bis morgen früh nicht ein einziger
übriggeblieben, der an die Wand pißt." [35] Dann
nahm David aus ihrer Hand entgegen, was sie ihm
mitgebracht hatte, und sagte zu ihr: „Nun ziehe in
Frieden hinauf in dein Haus. Siehe, ich habe deiner
Stimme Gehör geschenkt und Rücksicht auf dich
genommen." [36] Als aber Abigail zu Nabal kam, da
hielt er gerade in seinem Hause ein Gastmahl wie
das Gastmahl eines Königs. Nabals Herz war
guter Dinge, und er war schwer betrunken. Des-
halb erzählte sie ihm nicht das mindeste bis zum
Anbruch des Morgens. [37] Am Morgen aber, als der
Weinrausch von Nabal gewichen war, berichtete
ihm seine Frau, was sich zugetragen hatte. Da
erstarb ihm sein Herz im Leibe, und er war wie
versteinert. [38] Etwa zehn Tage danach schlug
Jahwe den Nabal, so daß er starb.

[39] Als David erfuhr, Nabal sei gestorben, sprach
er: „Gepriesen sei Jahwe, der an Nabal die mir
zugefügte Beschimpfung gerächt und seinen
Knecht vom Unrecht zurückgehalten hat; die Bos-
heit Nabals aber hat Jahwe auf dessen Haupt
zurückfallen lassen." Darauf sandte David hin
und warb um Abigail, um sie sich zum Weibe zu
nehmen. [40] Als Davids Leute zu Abigail nach Kar-
mel kamen, warben sie um sie mit den Worten:
„David sendet uns zu dir, um dich heimzuführen
als sein Weib." [41] Da erhob sie sich, verneigte sich
mit dem Antlitz bis zur Erde und sagte: „Siehe,
deine Magd ist bereit, deine Dienerin zu sein und
den Knechten meines Herrn die Füße zu
waschen." [42] Dann stand Abigail eilends auf und
bestieg ihren Esel, während ihre fünf Mägde sie
begleiteten. So folgte sie den Boten Davids und
wurde sein Weib. [43] David hatte sich aber auch die
Achinoam aus Jisreel geholt. So wurden diese bei-
den seine Frauen. [44] Saul dagegen hatte seine
Tochter Michal, die Frau Davids, dem Palti, dem
Sohne des Lajisch aus Gallim, gegeben.

Oben: Abigail kniet vor dem hoch zu Roß sitzenden David. Sie bittet ihn, die von ihr mitgebrachten Eßwaren anzunehmen und ihrem Gatten zu verzeihen, der in betrunkenem Zustand gegen das Gastrecht verstoßen habe. Miniatur aus „Le Miroir de l'Humaine Salvation", Manuskript 139/1363, fol. 38v, entstanden im 15. Jahrhundert.
Musée Condé, Chantilly.

Folgende Doppelseite: Der niederländische Maler David Teniers d. Ä. (1582–1649) läßt die Begegnung zwischen David und Abigail in einer weiten Landschaft mit schönem Baumbestand stattfinden. Abigail kniet inmitten der um sie herum ausgebreiteten Eßwaren, die sie als Versöhnungsgeschenke mitgebracht hat. David und seine in prächtige Barockkostüme gekleideten Krieger sehen nicht gerade wie arme Verfolgte aus, wie die Bibel sie schildert.
Rafael Valls Gallery, London.

Ein Sittenbild aus der Steppe

Dorothee Sölle

Die Geschichte von Abigail, die im Mittelpunkt des 25. Kapitels vom ersten Buch Samuel steht, ist ein burleskes, nicht ohne bissigen Spott erzähltes Sittenbild aus der Steppe. Es spielt noch in der Zeit vor Davids Königtum; die geschickte Heiratspolitik des zukünftigen Herrschers, der verwandtschaftliche Beziehungen zu den reichsten und angesehenen Familien Judäas knüpft, stellt den historischen Hintergrund dar. Der Erzähler inszeniert die Geschichte als Vertauschung der traditionellen patriarchalen Rollenverteilung. Nabal, ein Herdenbesitzer am Fuß des Karmel, ist reich und dumm, seine Frau schön und intelligent. Er ist ein brutaler Geizhals, sie gewandt und freigebig; er besäuft sich bis zur Besinnungslosigkeit, sie rettet in derselben Zeit Land und Leben für sich und ihre Leute. Der Name Nabal bedeutet „Narr" oder auch „Trottel", die Kalebiter, sein Stamm, galten als besonders ungeschlacht und roh.

Die Zeit der Schafschur ist in der Tradition der Herdenvölker mit einem großen Fest verbunden. Diese Gelegenheit benutzt David, der mit seinen Leuten in der Wüste herumschweift, um Forderungen an den reichen Herdenbesitzer zu stellen, auf die er nach den Gesetzen der Wüste ein Recht hat. Ein Beduinenscheich hat den „Schutz" der ihm benachbarten Bauern oder Halbbeduinen übernommen und betrachtet daher einen Anteil ihrer Ernte oder ihres Herdenertrags als ein „Geschenk", das ihm von Rechts wegen zusteht; so ähnlich mag es hie und da noch heute zugehen. In diesem Rechtszusammenhang – Schutz vor Raub und Diebstahl gegen mehr oder weniger freiwillige Abgaben – liegt auch begründet, daß Davids Boten den Nabal als „Bruder" ansprechen (1 Sam 25,6). „Bruder" ist der Nicht-Fremde, mit dem schon geregelte sippenähnliche Beziehungen bestehen. So dient der Besuch bei Nabal am Fest der Schafschur dazu, den Tribut, den die Umherschweifenden verlangen, von den Seßhaften einzufordern. Das Schlachtfest, das mit der Schur verbunden ist, begründet zugleich eine Art von Gastrecht für hinzukommende Freunde; die Zurückweisung vom Festmahl ist eine üble Verletzung der Gastfreundschaft. In wohlgesetzter Rede orientalischen Stils fordern die Leute Davids, immerhin zehn an der Zahl, also nicht einfach unbedrohliche Boten, was ihnen zusteht.

Damit sind sie aber in dem groben Klotz Nabal an den Rechten gekommen! Er verhöhnt die Boten und ihren Sender, erklärt sie zu hergelaufenem Pack, ignoriert die bestehenden Schutz- und Vertrauensverhältnisse samt dem Gastrecht. So hat er, wie David es im Einklang mit der Rechtstradition sieht, „Gutes mit Bösem" vergolten (1 Sam 15,21). David bricht empört auf, entschlossen, Rache zu üben. „Dies und jenes soll Gott dem David antun, wenn ich von allem, was ihm gehört, bis zum Morgengrauen auch nur einen übriglasse, der an die Wand pißt" (V. 22). Die grobe Ausdruckweise für das männliche Geschlecht steht in klarem Kontrast zu dem, was nun folgt, der Versöhnung, die sich durch List und Diplomatie einer Frau vollzieht. Abigail handelt rasch und effektiv. Sie erfaßt die tödliche Bedrohung sofort, sie weiß genau wie ihre Diener, daß mit ihrem Mann nicht zu reden ist. Ohne ihm ein Wort zu sagen, läßt sie die Esel reich beladen (man fragt sich, woher sie die zweihundert Feigenkuchen so schnell aufgetrieben hat!) und zieht in eigener Vollmacht David entgegen. Der Erzähler hat die Geschichte sehr kunstvoll arrangiert, er bringt Davids Schwur, alle Männer von Nabal niederzumachen, gerade in dem Augenblick zum Bewußtsein, bevor die beiden ungleichen Karawanenzüge aufeinandertreffen. David und seine Leute sind zum Rache- und Beutezug der Krieger unterwegs, Abigail mit ihren schwerbeladenen Eseln leitet eine Friedensmission. Noch ehe gesprochen wird, sprechen die Gesten der schönen Abigail: eilends steigt sie vom Esel, wirft sich zur Erde auf ihr Angesicht, legt sich dem David dann zu Füßen, um eine kunstvoll gebaute Rede folgen zu lassen. Den zu Pferd sitzenden Krieger redet Abigail mit „mein Herr" an, sich selbst, die im Staub vor ihm liegende Frau, bezeichnet sie als „deine Magd". Sie nimmt alle Schuld an der miserablen Behandlung der Boten auf sich, sie ist die Verantwortliche, und Nabal, ihr Mann, ist und bleibt ein Tor. Sie entmündigt ihn geradezu in ihrer Rede. Geschickt weist sie auf die mitgebrachten Geschenke für Davids Krieger hin, aber noch eloquenter ist ihre religiöse Argumentation: Gott hat den David – bislang – von Blutschuld zurückgehalten, Gott wird auch weiterhin seine Herrschaft gründen und stärken, ohne daß David Böses tut.

David erwidert auf derselben Ebene, die theologische Argumentation mit handfesten Interessen aufs perfekteste verbindet. In der Tat hat Gott die

Abigail zu ihm gesandt, um ihn vor Blutschuld zu bewahren und davor, sich selber mit eigener Hand zu helfen, d. h. Rache zu üben, die Gott vorbehalten ist, David entbietet der Abigail den Friedensgruß und läßt sie heimkehren.

Hier könnte die Geschichte schließen, wenn sie nicht eine vorbereitende Funktion für die spätere Herrschaft Davids hätte und wenn nicht das eigenmächtige Handeln der Abigail irgendwie ihrem Mann zumindest mitgeteilt werden müßte. Der aber, und hier verdichten sich die burlesken Züge, liegt volltrunken nach dem Fest im Rausch. Weder die Gefahr, in die er sich gebracht hat, noch die Rettung durch Abigails entschlossenes Handeln sind ihm bewußt. Sie, auch hierin ganz souverän, sagt ihm nichts, auch nicht in Andeutungen, sie wartet mit ihren Nachrichten, bis er seinen Rausch ausgeschlafen hat. Dann allerdings treffen ihn die Nachrichten Schlag auf Schlag: wie ein Stein wird er, und zehn Tage später stirbt er, mit Gottes Hilfe. Sein Unrecht fiel, wie David ausruft, durch Gott auf ihn selber zurück.

So kann David die schöne Abigail zur Frau nehmen. Schon in der Begegnung zwischen den beiden gab es erotische Untertöne: Selbstbezichtigung und Flehen, Demut und Einfühlungsgabe, Verehrung und Glücksverheißung waren die Boten einer anderen Botschaft der schönen und klugen Frau an den Helden und künftigen Herrscher. Jetzt kommt das verborgene Thema des Liebeswerbens ans Licht. David schickt Brautwerber zu Abigail; von Geschenken und Verhandlungen ist hier bei der reichen Witwe nicht die Rede. Wieder verneigt sich die schöne Frau bis zur Erde und macht sich dann „eilends auf" (1 Sam 25,42); sie hat nicht nur ihren Besitz und ihre Unversehrtheit gerettet, sondern ist auch den reichen trotteligen Säufer losgeworden um des strahlenden Helden willen.

So hat Freigebigkeit den Geiz, Entgegenkommen den Starrsinn, Respekt vor den Bräuchen die Eigensucht nicht nur Nabal, den Toren, überwunden. Abigails Flexibilität und Diplomatie haben auch das stumpfsinnige Dreinschlagen des anderen Mannes, David, vermieden. Diese Frau zwischen zwei Männern hat sich auf eine bessere, waffenlose Politik verstanden und Frieden gestiftet.

Oben: Demutsvoll liegt Abigail vor dem von seinen Kriegern umgebenen David flach ausgestreckt am Boden. Die hinter ihr sichtbaren Knechte tragen Geschenke herbei, durch die Abigail den schnöden Geiz ihres Mannes Nabal vergessen machen möchte. Ilja Jefimowitsch Repin (1844–1930), der bedeutendste Geschichtsmaler des neueren Rußland, hat diese Szene in allen Einzelheiten realistisch ausgemalt.
Biblioteca Apostolica Vaticana, Vatikan.

Rechts: Erste Begegnung zwischen David und Abigail.
Illustration aus der Biblia pauperum. Codex Germanicus 155, fol. 23v.
Bayerische Staatsbibliothek, München.

Vorherige Seite: Der spanische Maler Juan Antonio Escalante (ca. 1630–1670), ein Bewunderer von Tintoretto, dessen Kompositionsstil auch auf diesem Bild erkennbar ist, zeigt nicht nur Davids huldvolle Annahme der von Abigail dargebotenen Versöhnungsgeschenke. Im Austausch der Blicke ist ein erotischer Funke zu spüren, der zwischen diesen beiden Menschen aufflammt und dazu führt, daß David später, nach Nabals Tod, um Abigail wirbt.
Museo del Prado, Madrid.

Abigail – ihr Name bedeutet „Freude des Vaters“ – gilt in der jüdischen Tradition als eine der vier schönsten Frauen in der Geschichte, zusammen mit Sara, Rachab und Ester. Schon der bloße Gedanke an sie soll die Männer erregt haben. Sie war nicht nur klug und prophetisch begabt, sondern auch eine gute Diplomatin. Sie bietet ihre Geschenke dem David auf sehr taktvolle Weise an (Vers 27), soll ihm auch gesagt haben, daß ein Todesurteil gegen einen Mann, nämlich Nabal, nur während des Tages, nicht bei Nacht ausgesprochen werden dürfe. Als David antwortete, ein Rebell wie Nabal habe kein Recht auf gesetzlichen Schutz, sagte sie ihm: „Saul lebt noch, also bist du noch nicht der anerkannte Herr der Welt.“ Ihre Bemerkung in Vers 31 soll sich auf Davids noch bevorstehendes Abenteuer mit Batscheba beziehen, zeigt also ihre prophetische Gabe. Doch hat die talmudische Auslegung ihre Bemerkung „du wirst deiner Magd gedenken“ beanstandet: als verheiratete Frau hätte sie das nicht sagen dürfen. Doch sie hatte den Mut, alle Schuld auf sich zu nehmen, als David seinen Schwur gegen Nabal nicht einhielt, so wie Rebekka einst beim Segensbetrug im voraus alle Schuld auf sich nahm. Nachdem sie Davids Frau geworden war, gebar sie ihm einen Sohn, der Kileab, d.h. „wie der Vater“, genannt wurde. (In 1 Chronik 3, 1 heißt er Daniel.) Der wurde ein hochgelehrter Mann und war einer der wenigen, die noch bei Lebzeiten ins Paradies aufgenommen wurden. Abigail selbst leitet die fünfte Frauen-Abteilung im Paradies, von insgesamt sieben, neben denen der Sara, Rachel und Rebekka. Nabal, dessen Name „Narr“ bedeutet, war nicht nur arrogant und ungehobelt, sondern auch sehr geizig. Seine Besitztümer lagen in Karmel, aber er wohnte in Maon. Wenn nun Arme zu ihm nach Maon kamen und um Almosen baten, schickte er sie nach Karmel – und umgekehrt. Er wollte sie nur loswerden. Er war auch sehr stolz auf seine Abkunft, denn er leitete sich von Juda und Kaleb, dem Gefährten Josuas, ab und verachtete David, der von der Moabiterin Rut abstammte, sprach ihm deshalb jedes Anrecht auf den Thron ab. Seine Frage „Wer ist Isai?“ und seine Erwähnung der vielen Diener, die David verlassen hätten, waren um so kränkender für diesen, da das letztere auf Wahrheit beruhte.

In Josephus' Wiedergabe ist die biblische Erzählung noch weiter ausgeschmückt. Nach ihm hatte David seinen Leuten ausdrücklich befohlen, auch in großer Not die Herden Nabals nicht anzutasten, denn das wäre ein Frevel gegen Gott. Um so unerwarteter war dann Nabals Bescheid, den Josephus so formuliert: „So eitel denken also die von sich, die ihren Herren entlaufen sind und sich nun ungebührlich und hochmütig benehmen.“ Als Abigail sich aufmachte, um David zu begegnen, soll Nabal sinnlos betrunken gewesen sein. Abigail sagte dann zu David: „Jener wird seiner Strafe nicht entgehen, wenn auch du dich vom Morde rein hältst; und zwar wird er die Strafe von denen erhalten, die dir übelwollen. Auch wird das Unglück, das seiner harrt, auf die Häupter deiner Feinde zurückfallen.“ Davids Antwort, nach Josephus: „Gottes Gnade hat es gefügt, o Weib, daß du mir heute begegnetest, sonst würdest du den morgigen Tag nicht erlebt haben.“ Als David von Nabals Tod erfuhr, meinte er, Nabal sei durch seine eigene Bosheit umgekommen. Er zog daraus den Schluß, daß alle Bösen von Gott gezüchtigt würden und daß sich Gott um jeden Menschen kümmere und Gute wie Böse ganz nach Verdienst behandele.

Antike und mittelalterliche Quellen

Joe H. Kirchberger

Die Frau hatte einen scharfen Verstand
und war von schöner Gestalt.
Der Mann dagegen war roh und bösartig,
er war ein Kalebiter.

1 Samuel 25, 3

Judit

Retterin ihres Volkes

Buch Judit:
Kapitel 8, Vers 1–28; Kapitel 9, Vers 1–14;
Kapitel 10, Vers 1–23; Kapitel 11, Vers 1–23;
Kapitel 12, Vers 1–20; Kapitel 13, Vers 1–20

Die Geschichte Judits spielt zur Zeit des Königs Nebukadnezar, wurde aber erst zur Zeit der Makkabäerkriege, im 2. Jahrhundert v. Chr., niedergeschrieben. Dem Verfasser kam es dabei mehr auf die heroische Tat der Judit als auf die zugrundeliegenden historischen Tatsachen an, mit denen er recht frei umgeht: Nebukadnezar regierte in Babylon, nicht in Assyrien, und die Stadt Ninive, in der er regiert haben soll, war bereits von seinem Vater Nabupolassar zerstört worden. Betylua, Judits belagerte Heimatstadt, ist niemals identifiziert worden.

„Ich werde eine Tat vollbringen, die bis in die fernsten Geschlechter zu den Söhnen unseres Volkes dringen wird."
Judit 8, 32

In jenen Tagen hörte davon auch Judit, die
Tochter Meraris, des Sohnes des Ox, des Sohnes
Josephs, des Sohnes Usiels, des Sohnes Elkijas, des
Sohnes des Hananjas, des Sohnes Gideons, des
Sohnes Rephaims, des Sohnes Achitubs, des Soh-
nes Elijas, des Sohnes Hilkijas, des Sohnes Eliabs,
des Sohnes Natanaels, des Sohnes Salamiels, des
Sohnes Zurischaddais, des Sohnes Israels. 2 Ihr
Mann war Manasse aus dem gleichen Stamm und
Geschlecht. Er starb in den Tagen der Weizen-
ernte. 3 Als er nämlich bei den Garbenbindern auf
dem Felde stand und der heiße Glutwind auf sein
Haupt kam, legte er sich auf sein Ruhelager und
starb in seiner Stadt Betylua. Man begrub ihn bei
seinen Vätern auf dem Felde, das zwischen Dotain
und Balamon liegt. 4 Judit weilte drei Jahre und
vier Monate in ihrem Hause als Witwe. 5 Auf dem
Dach ihres Hauses errichtete sie sich eine Hütte,
um ihre Lenden legte sie ein Bußgewand und trug
die Witwenkleider. 6 Alle Tage ihrer Witwenschaft
fastete sie, außer den Vorsabbaten, den Sabbaten,
den Vorneumonden, den Neumonden, den Festen
und Freudentagen des Hauses Israel. 7 Sie war
schön von Gestalt und von sehr blühendem Aus-
sehen. Ihr Mann Manasse hatte ihr Gold und Sil-
ber, Sklaven und Sklavinnen, Vieh und Äcker hin-
terlassen, in deren Besitz sie blieb. 8 Es gab
niemand, der ihr ein böses Wort nachsagte. Denn
sie war sehr gottesfürchtig.

9 Da vernahm sie die schlimmen Reden des Vol-
kes gegen den Stadtvorsteher, da sie durch den
Wassermangel kleinmütig geworden waren. Auch
erfuhr Judit alle Worte, die Usija zu ihnen gespro-
chen, wie er ihnen geschworen hatte, die Stadt
nach fünf Tagen den Assyrern zu übergeben. 10 Da
sandte sie ihre Magd, die all ihrem Besitz vor-
stand, hin und ließ Usija, Chabris und Charmis,
die Ältesten ihrer Stadt, rufen. 11 Nach ihrer
Ankunft sprach sie zu ihnen: „Hört mich doch an,
ihr Ältesten der Bewohner von Betylua! Denn eure
Rede, die ihr an diesem Tage vor dem Volke hiel-
tet, war nicht recht; auch leistetet ihr noch diesen
Eid, den ihr zwischen Gott und euch spracht,
indem ihr zusagtet, die Stadt unseren Feinden zu
übergeben, wenn in der bestimmten Zeit der Herr
euch keine Hilfe zuwende. 12 Wer seid ihr denn
eigentlich, die ihr am heutigen Tag Gott versuchtet
und euch über Gott inmitten der Menschensöhne
stelltet? 13 Nun prüft ihr den allmächtigen Herrn
und werdet doch in Ewigkeit nichts erkennen!
14 Denn die Tiefe des Menschenherzens könnt ihr
nicht ergründen und das Sinnen seines Verstandes
nicht erfassen! Wie wollt ihr da Gott erforschen,
der dies alles gemacht hat, seinen Sinn erkennen
und sein Denken verstehen? Keineswegs, Brüder!
Reizt den Herrn, unsern Gott, doch nicht zum

Oben: Nach dem üppigen Gelage zogen sich die Beamten zum Schlafen zurück, so daß Judit mit Holophernes, der, vom Wein benommen, auf sein Nachtlager sank, alleine im Zelt war und die Gelegenheit erkannte, ihren Plan auszuführen.
Codex hebr. 37, fol. 81a r, 1428.
Staats- und Universitätsbibliothek Hamburg.

Rechts: Holophernes, erstaunt über die Redegewandtheit der hebräischen Frau, die ihm ohne Scheu entgegentritt, spricht zu ihr: „Nur Mut, Frau, fürchte dich nicht! Niemand wird dir etwas zuleide tun!"
Add. Manuskript 11639, fol. 121a r.
British Library, London.

Zorn! 15 Denn wenn er auch in diesen fünf Tagen
uns nicht helfen will, hat er doch die Macht, an
den Tagen, an denen er will, uns zu beschützen
oder vor dem Antlitz unserer Feinde zu verderben.
16 Ihr aber, erzwingt doch nicht die Absichten
Gottes! Denn Gott kann nicht wie ein Mensch
bedroht, noch wie ein Menschenkind wankend
gemacht werden. 17 Während wir auf seine Ret-
tung warten, wollen wir ihn zu unserer Hilfelei-
stung anrufen! Dann wird er unsere Stimme erhö-
ren, wenn es ihm wohlgefällt. 18 Denn es bestand
keines unter unsern Geschlechtern, noch gibt es
heute einen Stamm, ein Geschlecht, eine Familie
oder Stadt unter uns, die von Menschenhand
angefertigte Götzen anbetet, wie es früher
geschah. 19 Deshalb wurden unsere Väter dem
Schwert und der Plünderung überlassen und erlit-
ten vor unsern Feinden eine große Niederlage.
20 Wir aber kennen keinen anderen Gott außer
ihm. Deshalb hoffen wir, daß er uns nicht über-
sehen wird noch jemand aus unserem Geschlecht.

21 Denn durch die Einnahme unserer Stadt wird
ganz Judäa erobert und unser Heiligtum
geplündert werden. So wird er für seine Entwei-
hung Sühne von unserem Blut fordern. 22 Die
Ermordung unserer Brüder, die Kriegsgefangen-
schaft des Landes und die Verwüstung unseres
Erbbesitzes wird er noch unter den Völkern auf
unser Haupt legen, wo wir als Sklaven dienen. Wir
werden zum Ärgernis und Spott vor jenen sein, die
uns käuflich erwarben. 23 Denn unsere Knecht-
schaft wird nicht zum Guten gelenkt, sondern der
Herr, unser Gott, wird sie in Schmach verwandeln.
24 Jetzt, Brüder, beweisen wir unseren Brüdern,
daß ihr Leben von uns abhängt und Heiligtum,
Tempel und Altar auf uns sich stützen!

25 Für all das wollen wir dem Herrn, unserem
Gott, danken, der uns ebenso prüft, wie unsere
Väter! 26 Bedenkt, wie er mit Abraham verfuhr,
wie er Isaak prüfte, und wie es Jakob im syrischen
Mesopotamien erging, da er die Schafe Labans,
des Bruders seiner Mutter, weidete! 27 Denn wie er
jene zur Erprobung ihres Herzens im Feuer prüfte,
so hat er auch uns nicht gestraft, vielmehr züchtigt
der Herr zur Warnung jene, die sich ihm nahen."

28 Da sprach Usija zu ihr: „Alles, was du vor-
trugst, sprachst du mit guter Gesinnung, und nie-
mand kann deinen Reden widerstehen."

9 1 Judit aber fiel auf ihr Antlitz, streute Asche
auf ihr Haupt und enthüllte das Bußgewand,
das sie trug. Eben wurde in Jerusalem das Rauch-
opfer jenes Abends im Gotteshaus dargebracht, da
rief Judit mit lauter Stimme zum Herrn und
sprach:

*Das nun folgende Gebet von Judit, Vers 2 bis
14, ist auf Seite 85 wiedergegeben.*

10 1 Als sie aufgehört hatte, zum Gott Israels
zu rufen, und all diese Worte beendet hat-
te, 2 erhob sie sich von der Erde, rief ihre Magd
und stieg ins Haus hinab, in dem sie an den Sab-
baten und an ihren Festen weilte. 3 Sie legte das
Bußgewand ab, mit dem sie bekleidet war, zog ihre
Witwenkleidung aus, badete den Körper mit Was-
ser und salbte sich mit kostbarer Salbe. Sie ordnete
die Haare ihres Hauptes und setzte ein Diadem
darauf. Dann legte sie ihre Freudenkleider an, mit
denen sie sich zu Lebzeiten ihres Mannes Manasse
geschmückt hatte. 4 Sie zog Sandalen an ihre Füße,
legte ihre Schrittkettchen, Armbänder, Fingerrin-
ge, Ohrgehänge und ihren ganzen Schmuck an. Sie
schmückte sich so sehr, um die Augen der Männer
zu bestricken, die sie sehen würden. 5 Ihrer Magd
gab sie einen Schlauch Wein und ein Gefäß Öl,
füllte ihren Brotsack mit Gerstenbroten, Feigen-
kuchen und reinen Broten, umhüllte all diese Din-
ge und lud sie ihr auf. 6 Sie gingen zum Stadttor
von Betylua hinaus und fanden dort Usija und die
Stadtältesten Chabris und Charmis. 7 Als jene sie
erblickten – ihr Antlitz war verändert und ihre
Kleidung verwandelt –, staunten sie sehr über ihre
Schönheit und sprachen zu ihr: 8 „Der Gott unse-
rer Väter verleihe dir Gnade und vollende dein
Unternehmen zum Ruhm der Söhne Israels und
zur Erhöhung Jerusalems!"

9 Sie fiel anbetend vor Gott nieder und sprach zu
ihnen: „Befehlt, das Stadttor mir zu öffnen! Ich
will hinausgehen, um das zu vollenden, was ihr
mir gesagt habt." Da befahlen sie den Jünglingen,
ihr zu öffnen, wie sie gesagt hatte. 10 Sie taten es.
Da ging Judit hinaus und ihre Magd mit ihr. Die
Männer der Stadt aber schauten ihr nach, bis sie
den Berg hinabgestiegen war und das Tal durch-
schritten hatte, so daß sie sie nicht mehr sehen
konnten. 11 Im Tal gingen sie geradeaus, bis ihr
assyrische Vorposten begegneten. 12 Sie ergriffen
sie und fragten: „Von wem stammst du, woher
kommst du, und wohin gehst du?" Sie antwortete:
„Ich bin eine Tochter der Hebräer und bin ihnen
entlaufen, weil sie euch zum Fraß gegeben werden.
13 Ich gehe zu Holophernes, dem Oberbefehls-
haber eures Heeres, um ihm wahrheitsgetreu zu
berichten. Ich will ihm einen Weg zeigen, auf dem
er hinziehen und das ganze Gebirge besetzen kann,
ohne daß auch nur einer seiner Leute an Leib und
Leben zugrunde geht." 14 Als nun die Männer ihre
Worte vernahmen und ihr Antlitz betrachteten, da
war es ihnen von einer geradezu bewundernswer-
ten Schönheit. Sie sprachen zu ihr: 15 „Du hast dein
Leben gerettet, da du so eilig heruntergekommen
bist vor das Antlitz unseres Herrn. Geh nun hin zu
seinem Zelt! Einige von uns sollen dich begleiten,
bis sie dich seinen Händen überliefert haben.

Sie zog Sandalen an ihre
Füße,
legte ihre Schrittkettchen,
Armbänder, Fingerringe,
Ohrgehänge und ihren ganzen
Schmuck an.
Sie schmückte sich so sehr,
um die Augen der Männer
zu bestricken,
die sie sehen würden.

Judit 10,4

Gegenüber: Lukas Cranach d. Ä. (1472–1553): Judit trägt das abgeschlagene Haupt des Holophernes so gelassen vor sich, als halte sie irgendeinen belanglosen Gegenstand in Händen. Staatsgalerie, Stuttgart.

Seite 83: Am vierten Tag wird Judit von dem pompös gekleideten Feldherrn des Königs Nebukadnezar an seine Tafel geladen. Nur Judit sitzt mit am Tisch, während die Hofleute stehen. Die Jüdin Judit darf dem assyrischen Heerführer auch die Speisen vorlegen, da er volles Vertrauen zu ihr hat. Ausschnitt eines Gemäldes von Lukas Cranach d. Ä. (1472–1553). Schloßmuseum, Gotha.

Folgende Seite: Jan Massys (1509 bis 1575): Judit hat ihre weiblichen Reize eingesetzt, um Holophernes vertrauensselig zu machen, damit sie ihn im Schlaf enthaupten kann. Louvre, Paris.

Judits Gebet
Buch Judit, Kapitel 9, Vers 1–14

9
1 *Judit aber fiel auf ihr Antlitz,*
streute Asche auf ihr Haupt und
enthüllte das Bußgewand, das sie trug.
Eben wurde in Jerusalem das Rauch-
opfer jenes Abends im Gotteshaus dar-
gebracht, da rief Judit mit lauter Stimme
zum Herrn und sprach:
2 *„Herr, Gott meines Vaters Simeon,*
dem du ein Schwert in die Hand gabst
zur Rache an den Fremden, die den
Gürtel einer Jungfrau zu ihrer Beflek-
kung lösten, die Schenkel zu ihrer
Schande enthüllten und den Schoß zu
ihrer Schmach entweihten! Denn du
hattest befohlen: solches darf nicht
sein! Sie taten es dennoch. 3 *Dafür*
gabst du ihre Führer der Ermordung
preis und ihr Lager, das sich ihres Be-
truges schämte, dem Blutbad. Die
Knechte schlugst du samt ihren Herren,
die Herrscher samt ihren Dienern. 4 *Ih-*
re Frauen gabst du zur Beute, ihre
Töchter zur Gefangenschaft und all ihre
Habe zum Anteil deinen geliebten
Söhnen, die auch von deinem Eifer be-
seelt waren, die Befleckung des Blutes
verabscheuten und dich um Hilfe anrie-
fen. Gott, mein Gott, erhöre auch mich,
die Witwe! 5 *Du hast bewirkt, was früher*
war als dies, und jenes sowie das Spä-
tere, das Jetzige und Zukünftige hast du
durchdacht. Es geschah, was du beab-
sichtigtest. 6 *Fest stand da, was du ge-*
plant hattest, und sprach: Siehe, da bin
ich! Denn all deine Wege sind geordnet,
und dein Gericht ist vorhergesehen.
7 *Denn siehe, die Assyrer sind stark in*
ihrem Kriegsheer. Sie rühmen sich ihrer
Pferde und Reiter, sind stolz auf die
Kraft ihrer Fußtruppen, vertrauen auf
Schild und Speer, Bogen und Schleuder
und wissen nicht, daß du der Herr bist,
der die Kriege zerschlägt.
8 *Herr ist dein Name. Zerschmettere*
ihre Kraft durch deine Macht und zwin-
ge nieder in deinem Zorn ihre Stärke!
Denn sie haben beschlossen, dein Hei-
ligtum zu entweihen, zu verunreinigen
das Zelt, das ein Ruheort deines herr-
lichen Namens ist, und mit dem Eisen
das Horn deines Altares abzuschlagen.
9 *Blick nieder auf ihren Hochmut und*
sende deinen Zorn auf ihre Häupter!
Verleih meiner, der Witwe, Hand die
Kraft zu dem, was ich beabsichtige!
10 *Schlag durch meine täuschenden*
Lippen den Knecht mit dem Herrn und
den Herrn mit seinem Diener! Zer-
schmettere ihren Stolz durch die Hand
einer Frau! 11 *Denn nicht in der Menge*
ruht deine Kraft noch deine Macht in
den Starken. Vielmehr bist du ein Gott
der Demütigen und Helfer der Geringen,
ein Beistand der Schwachen und
Beschützer der Verstoßenen, ein Retter
der Verzweifelten.
12 *Fürwahr, fürwahr, Gott meines Vaters*
und Gott des Erbes Israel! Du Herrscher
der Himmel und der Erde, Schöpfer der
Wasser und König deiner ganzen
Schöpfung, höre doch auf mein Gebet!
13 *Mach mein betrügerisches Wort zur*
Wunde und Strieme für sie, die gegen
deinen Bund, dein heiliges Haus, den
Gipfel des Zion und das Haus deiner
Söhne Grausames planten. 14 *Bewirke*
bei jedem Volk und jedem Stamm die
Erkenntnis, daß sie wissen, daß du der
Herr bist, der Gott aller Macht und Kraft,
und daß kein anderer besteht, der das
Geschlecht Israels beschützt außer dir!“

16 Wenn du aber vor ihm stehst, fürchte dich nicht,
sondern melde ihm nur, wie du gesagt hast! Er
wird dich gut behandeln." 17 Nun wählten sie
hundert Mann aus ihrer Mitte und gaben sie ihr
und ihrer Sklavin als Begleitung mit. Diese führten
sie zum Zelt des Holophernes. 18 Im ganzen Lager
entstand ein Zusammenlauf. Denn ihr Erscheinen
hatte sich in allen Zelten herumgesprochen. So
kamen sie und umringten sie, während sie außer-
halb des Zeltes des Holophernes stand, bis man
ihm über sie berichtet hatte. 19 Sie staunten über
ihre Schönheit und bewunderten ihretwegen die
Söhne Israels. Der eine sprach zum anderen: „Wer
kann dieses Volk verachten, das solche Frauen bei
sich besitzt? Deshalb ist es nicht gut, auch nur
einen einzigen Mann von ihnen übrigzulassen.
Denn sie sind imstande, die ganze Welt zu über-
listen, sobald sie freigelassen sind."

20 Da traten die Wachmannschaften des Holo-
phernes und all seine Diener heraus und führten
sie in das Zelt. 21 Holophernes aber ruhte gerade
auf seinem Lager unter dem Fliegennetz, das aus
Purpur, Gold, Smaragd und eingewebten, kost-
baren Steinen bestand. 22 Als man ihm über sie
Bericht erstattet hatte, ging er ins Vorzelt hinaus,
und silberne Lampen wurden vor ihm hergetra-
gen. 23 Als aber Judit in seiner und seiner Diener
Gegenwart erschien, staunten alle über die
Schönheit ihres Antlitzes. Sie fiel auf ihr Angesicht
und huldigte ihm. Da richteten seine Diener sie
auf.

11 1 Da sprach Holophernes zu ihr: „Habe
Mut, Frau! Fürchte dich nicht in deinem
Innern! Denn ich tat noch keinem Menschen ein
Leid an, der bereit war, Nebukadnezar, dem König
der ganzen Erde, zu dienen. 2 Wenn nun dein Volk,
das das Gebirge bewohnt, mich nicht gering-
geachtet hätte, hätte ich nie meinen Speer gegen es
erhoben. So aber haben sie sich das selbst zu-
gefügt. 3 Nun sage mir, warum du von ihnen ent-
flohen und zu uns gekommen bist! Denn du kamst
zu deiner Rettung. Mut! Du wirst diese Nacht und
auch weiterhin am Leben bleiben. 4 Denn niemand
wird dir ein Unrecht zufügen, vielmehr wird man
dir Gutes erweisen, wie es den Dienern meines
Herrn Nebukadnezar geschieht."

5 Da antwortete ihm Judit: „Nimm die Rede
deiner Sklavin gnädig auf, und laß deine Dienerin
vor deinem Antlitz sprechen! Keine Unwahrheit
will ich diese Nacht meinem Herrn melden.
6 Wenn du die Worte deiner Sklavin befolgst, wird
Gott das Werk mit dir vollenden, und mein Herr
wird seine Unternehmungen nicht vergebens
beginnen. 7 Denn so wahr Nebukadnezar, der
König der ganzen Erde, lebt, und so wahr seine
Macht besteht, der dich ausgesandt hat zur Ord-
nung aller Lebewesen, nicht nur die Menschen
werden durch dich ihm dienen, sondern auch die
Tiere des Feldes, das Herdenvieh und die Vögel
des Himmels werden durch deine Macht für
Nebukadnezar und sein ganzes Haus leben.
8 Denn wir hörten von deiner Weisheit und den
klugen Überlegungen deines Geistes. Aller Welt
wurde bekannt, daß du allein im ganzen König-
reich tüchtig bist, gewaltig an Einsicht und
bewundernswert in Kriegsunternehmen. 9 Was
nun die Rede betrifft, die Achior in deiner Rats-
versammlung sprach, so erfuhren wir seine Worte,
weil die Leute von Betylua ihn am Leben ließen,
und er ihnen alles berichtete, was er bei dir aus-
gesagt hatte. 10 Herr und Gebieter, laß deshalb sein
Wort nicht unbeachtet, sondern erwäge es in dei-
nem Herzen! Denn es ist wahr. Unser Geschlecht
wird nämlich nicht gestraft, nicht kann das
Schwert Gewalt über sie gewinnen, wenn sie nicht
gegen ihren Gott gesündigt haben. 11 Nun denn,
damit mein Herr nicht vertrieben werde und
erfolglos bleibe und der Tod sie treffe, hat die
Sünde sie erfaßt, wodurch sie ihren Gott erzürnen
werden, sobald sie etwas Sündhaftes vollführen.
12 Als ihnen nämlich die Nahrungsmittel ausgin-
gen und alles Wasser spärlich wurde, beschlossen
sie, Hand an ihre Viehherden zu legen, und ent-
schieden, alles zu genießen, was ihnen Gott durch
Gesetze zu essen verboten hatte. 13 Auch die Erst-
linge an Getreide und die Zehnten an Wein und
Öl, die sie aufbewahrt hatten, um sie den Priestern
zu weihen, die zu Jerusalem vor dem Angesicht
unseres Gottes Dienst tun, haben sie zu verzehren
beschlossen. Dabei darf keiner aus dem Volk sie
auch nur mit den Händen berühren. 14 Schon
sandten sie Leute nach Jerusalem, da die dortigen
Einwohner dasselbe getan hatten, um ihnen von
der Ratsversammlung die Nachlassung zu ver-
schaffen. 15 Sobald es ihnen gemeldet ist und sie
danach handeln, werden sie dir an jenem Tag zur
Vernichtung überliefert. 16 Deshalb bin ich, deine
Dienerin, die das alles wußte, vor ihnen geflohen.
Gott sandte mich, mit dir Taten zu vollbringen,
über die die Welt sich entsetzen wird, wenn sie
davon hört. 17 Denn deine Dienerin ist gottes-
fürchtig und dient dem Himmelsgott Tag und
Nacht. Nun will ich bei dir bleiben, mein Herr!
Nur nachts will deine Dienerin in die Schlucht
hinausgehen, um zu Gott zu beten. Er wird mir
sagen, wann sie die Sünden begangen haben.
18 Dann will ich kommen, um es dir zu berichten.
Du wirst mit deinem ganzen Heer ausziehen, und
keiner ist da, der von ihnen dir widerstehen kann.
19 Ich werde dich mitten durch Judäa bis vor Jeru-
salem führen, und deinen Thron stelle ich in seiner
Mitte auf. Du wirst sie leiten wie Schafe, denen der

Hirte fehlt, und kein Hund wird sich mit seiner
Zunge gegen dich regen. Denn dies wurde mir
durch mein Vorherwissen mitgeteilt. Es wurde mir
verkündet, und ich ward gesandt, es dir zu mel-
den."
[20] Ihre Worte fanden Beifall bei Holophernes
und all seinen Dienern. Sie staunten über ihre
Weisheit und sprachen: [21] „Von einem Ende der
Erde bis zum anderen gibt es keine solche Frau
mehr von so schönem Antlitz und so verständiger
Rede." [22] Dann sprach Holophernes zu ihr: „Gott
tat gut daran, dich vor dem Volk herzusenden,
damit der Sieg in unsere Hand komme, über die
Verächter meines Herrn aber Verderben. [23] Nun,
schön bist du in deiner Gestalt und gut in deinen
Worten. Wenn du nun tust, wie du gesagt hast,
wird dein Gott mein Gott sein, du aber wirst im
Palast des Königs Nebukadnezar wohnen und auf
der ganzen Erde berühmt sein."
12 [1] Dann befahl er, sie dorthin zu führen, wo
seine Silbersachen aufgestellt waren, und
er gab Weisung, ihr von seinen leckeren Speisen
herzurichten und von seinem Wein zu reichen.
[2] Da sprach Judit: „Ich werde davon nicht essen,
damit kein Ärgernis entsteht. Vielmehr soll mir
von dem, was mir mitgebracht wurde, dargereicht
werden!" [3] Holophernes aber antwortete ihr:
„Wenn aber dein Vorrat zu Ende ist, woher sollen
wir dann etwas Ähnliches nehmen und dir rei-
chen? Denn bei uns ist niemand aus deinem Ge-
schlecht." [4] Judit entgegnete ihm: „So wahr du
lebst, mein Herr! Deine Sklavin wird den Vorrat,
den sie bei sich hat, nicht aufgezehrt haben, bis der
Herr durch mich das vollbringt, was er beschlos-
sen hat." [5] Nun führten die Diener des Holopher-
nes sie in das Zelt. Sie schlief bis Mitternacht und
erhob sich zur Zeit der Morgenwache. [6] Sie
schickte zu Holophernes und ließ sagen: „Mein
Herr gebe nun Befehl, deine Sklavin zum Gebet
hinauszulassen!" [7] Da befahl Holophernes den
Leibwachen, sie nicht zu hindern. So verbrachte
sie drei Tage im Lager. Nachts ging sie in die
Schlucht von Betylua hinaus und badete sich an
der Wasserquelle im Lager. [8] Wenn sie heraus-
gestiegen war, betete sie zum Herrn, dem Gott Is-
raels, ihr den Weg zur Erhöhung der Söhne ihres
Volkes zu bereiten. [9] Rein kehrte sie zurück und
verblieb im Zelt, bis man ihr gegen Abend die
Speise brachte. [10] Am vierten Tag bereitete Holo-
phernes ausschließlich seinen Dienern ein Mahl
und lud keinen der Beamten dazu ein. [11] Da sprach
er zum Eunuchen Bagoas, der all sein Eigentum
verwaltete: „Geh und überrede doch die hebräi-
sche Frau, die bei dir ist, zu uns zu kommen und
mit uns zu essen und zu trinken! [12] Denn siehe, es
wäre eine Schande für uns, ein solches Weib vor-
beizulassen, ohne mit ihm verkehrt zu haben. Zie-
hen wir sie nicht an uns, wird sie uns verlachen."
[13] Bagoas ging von Holophernes fort und trat zu
ihr ein mit den Worten: „Das schöne Mädchen
sollte doch kein Bedenken tragen, zu meinem
Herrn zu gehen, um vor ihm geehrt zu werden, in
Fröhlichkeit mit uns Wein zu trinken und am heu-
tigen Tag wie eine Tochter der Söhne Assurs zu
werden, die im Palast Nebukadnezars weilen!"
[14] Da antwortete ihm Judit: „Wer bin ich, daß ich
meinem Herrn widerstehen sollte? Vielmehr alles,
was ihm gefällt, will ich schnell tun, und dies wird
mir eine Freude bis zum Tage meines Todes sein!"
[15] Dann stand sie auf und schmückte sich mit dem
Gewand und allem weiblichen Schmuck. Ihre
Dienerin ging hin und breitete für sie vor Holo-
phernes auf dem Boden Teppiche aus, die sie von
Bagoas zum täglichen Gebrauch erhalten hatte,
um auf ihnen liegend zu essen. [16] Dann trat Judit
ein und legte sich nieder. Da geriet des Holopher-
nes Herz außer sich über sie, und sein Inneres kam
in Erregung. Er war sehr begierig, mit ihr zusam-
menzukommen. Seit dem Tage, da er sie gesehen
hatte, wartete er auf den günstigsten Augenblick,
sie zu verführen. [17] Holophernes sprach zu ihr:
„Nun trink und sei mit uns fröhlich!" [18] Da erwi-
derte Judit: „Ja, ich will trinken, Herr! Denn heute
ist mein Leben in mir mehr erhöht worden als alle
Tage seit meiner Geburt." [19] Dann nahm sie, aß
und trank in seiner Gegenwart, was ihre Dienerin
ihr bereitet hatte. [20] Holophernes erfreute sich an
ihr und trank sehr viel Wein, mehr als er jemals an
einem Tage seit seiner Geburt getrunken hatte.
13 [1] Als es spät geworden war, brachen seine
Diener eilig auf. Bagoas machte das Zelt
von außen zu und schloß die Anwesenden vom
Antlitz seines Herrn aus. Sie begaben sich zu ihren
Lagerstätten. Denn alle waren müde geworden, da
das Mahl lange gedauert hatte. [2] Judit wurde al-
lein im Zelte belassen. Holophernes war vornüber
auf sein Lager gesunken, da der Wein ihn be-
schwert hatte. [3] Judit befahl ihrer Dienerin, au-
ßerhalb ihres Schlafgemaches stehenzubleiben und
ihren Ausgang wie alltäglich abzuwarten. Sie sagte
nämlich, sie wolle zum Gebet hinausgehen. Das-
selbe sagte sie auch Bagoas. [4] Als alle von Holo-
phernes fortgegangen waren und keiner im
Schlafgemach zurückgeblieben war, weder groß
noch klein, trat Judit an sein Lager und sprach bei
sich: „Herr, Gott aller Macht! Schau in dieser
Stunde auf die Werke meiner Hände zur Erhöhung
Jerusalems! [5] Denn nun ist es Zeit, dich deines Er-
bes anzunehmen und mein Werk zu vollenden zum
Verderben der Feinde, die gegen uns aufgetreten
sind." [6] Dann trat sie zur Säule des Bettes hin, die
sich zu Häupten des Holophernes befand, und

Cristofano Allori (1577–1621): Die Dienerin blickt besorgt auf ihre Herrin, doch diese hält ruhig das Haupt des Holophernes in der Hand und zeigt weder Erregung noch Schwäche.
Galleria Pitti, Florenz.

nahm sein kleines Schwert von ihr. 7 Sie näherte
sich dem Bett, ergriff das Haar seines Hauptes und
sprach: „Stärke mich, Herr, Gott Israels, am heu-
tigen Tage!“ 8 Dann schlug sie zweimal mit all ih-
rer Kraft in seinen Nacken und trennte ihm das
Haupt davon ab. 9 Seinen Leichnam wälzte sie
vom Lager fort und nahm das Mückennetz von
der Säule. Bald darauf trat sie hinaus und übergab
ihrer Dienerin das Haupt des Holophernes.
10 Diese legte es in ihren Reisesack. Dann gingen
beide nach ihrer Gewohnheit zum Gebete hinaus.
Sie durchschritten das Lager, gingen in einem Bo-
gen um jene Felsenschlucht, stiegen den Berg von
Betylua hinan und kamen zu seinen Toren.
11 Von ferne rief Judit den Wächtern auf den
Toren zu: „Öffnet, ja öffnet das Tor! Mit uns ist
Gott, unser Gott, um noch seine Stärke in Israel
und seine Macht gegen die Feinde zu beweisen,
wie er es auch heute getan hat.“
12 Als die Männer ihrer Stadt ihre Stimme ver-
nahmen, stiegen sie eilends zum Tor ihrer Stadt
hinab und riefen die Ältesten der Stadt zusammen.
13 Alle, vom Kleinsten bis zum Größten, liefen
zusammen, da es ihnen unglaublich schien, daß
jene gekommen sei. Sie öffneten das Tor und emp-
fingen sie. Sie zündeten Feuer zur Beleuchtung an
und umringten sie. 14 Sie aber sprach mit lauter
Stimme zu ihnen: „Preiset Gott, preiset! Preiset
Gott, der sein Erbarmen vom Hause Israel nicht
entfernte, sondern unsere Feinde in dieser Nacht
durch meine Hand zerschmetterte!“ 15 Dann nahm
sie das Haupt aus dem Sack, zeigte es ihnen und
sprach zu ihnen: „Seht, das Haupt des Holopher-
nes, des Oberfeldherrn des assyrischen Heeres!
Seht auch das Mückennetz, unter dem er in seiner
Trunkenheit lag! Der Herr hat ihn durch die Hand
einer Frau geschlagen. 16 So wahr der Herr lebt,
der mich auf dem Wege beschützte, auf dem ich
wandelte: Mein Antlitz betrog ihn zu seinem Ver-
derben. Doch beging er keine Sünde mit mir zur
Befleckung und Schande.“ 17 Da entsetzte sich das
ganze Volk sehr. Sie fielen nieder und beteten Gott
an. Dann sprachen sie einmütig: „Gepriesen seist
du, unser Gott, der du am heutigen Tag die Feinde
deines Volkes gedemütigt hast!“ 18 Usija sprach zu
ihr: „Gepriesen seist du, Tochter, bei Gott, dem
Höchsten, vor allen Frauen auf Erden! Gepriesen
sei Gott der Herr, der die Himmel und die Erde
erschaffen hat, der dich geführt hat, das Haupt des
Anführers unserer Feinde zu zerschmettern!
19 Denn das Andenken an dein Vertrauen wird
nicht aus den Herzen der Menschen weichen, die
der Macht Gottes gedenken in Ewigkeit! 20 Gott
möge dir dies zur ewigen Erhöhung werden lassen,
indem er dich mit Gütern segne dafür, daß du dei-
nes Lebens nicht geschont hast wegen der Ernied-

rigung unseres Geschlechtes, sondern unserem Fall entgegengetreten bist, da du auf dem rechten Wege vor unserem Gott wandeltest!" Alles Volk aber sprach: „Amen! Amen!"

Die folgenden zwei Kapitel erzählen, wie Judit zum Volk spricht und zum Angriff gegen die Feinde aufruft. Zuerst begegnen die Assyrer den Israeliten mit Verachtung. Als sie aber entdecken, daß ihr Feldherr tot in seinem Zelt liegt, verlieren sie allen Mut und fliehen in alle Richtungen, und die nachsetzenden Juden töten viele von ihnen. Das gesamte Volk preist Judits Tat.

Sie aber sprach mit lauter Stimme zu ihnen: „Preiset Gott, preiset! Preiset Gott, der sein Erbarmen vom Hause Israel nicht entfernte, sondern unsere Feinde in dieser Nacht durch meine Hand zerschmetterte!"

Judit 13,14

Vorherige Seite: Jacopo Tintoretto (1518–1594): Mit abgewendetem Blick deckt Judit den verstümmelten Körper des Holophernes zu. Scheu blickt die am Boden kniende Dienerin, die das Haupt neben sich liegen hat, noch einmal auf den Toten.
Museo del Prado, Madrid.

Rechts: Der Hauptmeister des neapolitanischen Spätbarock, Francesco Solimena (1657–1747), zeigt Judit, wie sie den verängstigten Bürgern der belagerten Stadt Betylua das abgeschlagene Haupt des feindlichen Heerführers vorweist, damit sie neuen Mut fassen. Judit steht wie eine Siegesgöttin erhöht und von Engeln umschwebt.
Kunsthistorisches Museum, Wien.

Es gibt in der Bibel eine Tradition der starken und furchtlosen Heldin, die allen Klischees von weiblicher Schwäche und Verzagtheit widerspricht. In der Zeit der Landnahme und Staatsgründung tauchen Prophetinnen und Richterinnen wie Debora auf. Auch die kriegerische Heldin erscheint in Jael, die einen schlafenden Feind erschlägt (Ri 5). Aber erst Ester und Judit sind Retterinnen ihres Volkes in der nachexilischen Unterdrückungssituation, in der Israel ohne Eigenstaatlichkeit lebt. Die Legende von Judit und Holophernes aus den Apokryphen ist sicher der unverhüllteste Ausdruck dieses anderen Bildes der Frau. Daß „keine Furcht in Israel herrschte, solange Judit lebte“, ist ein Ruhmestitel, den keine andere Frau in der Tradition erworben hat.

„Keine Furcht in Israel, solange Judit lebt!“
Dorothee Sölle

Die Verbindung von Krieg und Frauenschändung, Massenvergewaltigung der Frauen des unterlegenen Volkes durch die militärischen Sieger ist jahrtausendealt, die Freigabe der Vergewaltigung oft bis zum Tode der Opfer ist ein Anreiz, besser zu kämpfen. Die Umkehrung dieses alten Motivs, so daß die Frau zur Handelnden und der Mann zum Erleidenden wird, erregt meist Befremden. Krieg und Lust dürfen zwar – wie im deutschen Wort Kriegs-Lust – zusammenkommen, wenn die Gewinner in beiden Aktivitäten Männer sind, nicht aber Lust und Mord, wenn wie in der Geschichte Judits eine Frau die Lust im Interesse ihres Volkes instrumentalisiert. Die Bibel selber teilt diese zwiespältigen Gefühle nicht. Sie hat nichts gegen Judit einzuwenden, sie gehört zu den um ihrer Tugend willen respektierten Witwen, die später zum Vorbild für die Gemeindeleiterinnen der frühen christlichen Kirche wurden. In den mittelalterlichen Armenbibeln erscheint Judit – neben Eva, der Tochter des Pharaos, Rebekka, Tamar, Batscheba und Susanna – als allegorisches Symbol Christi. Ihre Weisheit, die Vertrauen einflößt, wird gerühmt.

Die Geschichte spielt zur Zeit des Großkönigs Nebukadnezar; sein Feldhauptmann Holophernes bleibt als Gegenfigur zu Judit blaß. Holophernes wurde von dem Ammoniter Achior gewarnt, und zwar vor dem Geist und dem Gott der Hebräer. Dennoch wagt er es, die jüdische Stadt Betylua zu belagern und ihr die Wasserzufuhr abzuschneiden. Die durch Schönheit, Tugend, Intelligenz und Frömmigkeit ausgezeichnete Witwe Judit verläßt die belagerte Stadt und kommt unter dem Vorwand, dem Holophernes die Juden verraten zu wollen, ins feindliche Lager. Begleitet von einer Magd, bleibt sie drei Tage und Nächte dort, ohne die Speisen der Fremden zu berühren. Sie bestrickt den Holophernes und folgt, prächtig geschmückt, seiner Einladung zu einem Festgelage. Spät in der Nacht werden die Diener und die Magd der Judit fortgeschickt, Judit ist allein mit dem betrunkenen Hauptmann, der sich die Erfüllung seiner Wünsche verspricht. Sie tötet ihn mit seinem eigenen Schwert. Das Haupt des Holophernes wird in den mitgebrachten Lebensmittelsack gestopft, aus dem Lager herausgeschmuggelt und schließlich den entmutigten Juden vorgezeigt, die nun die Feinde leicht zerstreuen.

Ich hatte wenig Zugang zu dieser blutrünstigen Geschichte, die mit allzuviel frommen Wörtern beladen daherkam, einen fremden Heroismus ausdrückte und zudem noch literarisch geradezu unbiblisch breit erzählt wird. Mein Mißbehagen schwand aber, als ich eine Parallelgeschichte aus unserer Zeit hörte, die mir vergleichbaren Geist zu atmen schien. Im Nicaragua des Diktators Somoza in den siebziger Jahren hat eine Frau der Befreiungsbewegung eine ähnliche Tat wie Judit vollbracht. Ein Mitglied der herrschenden Clique des

Tyrannen war General Vega, ein berüchtigter Folterer für den Geheimdienst. Er hatte ein Auge auf die schöne Rechtsanwältin Nora Astorga geworfen und versuchte, sie für sich zu gewinnen. Eines Tages ließ sie ihm telefonisch ausrichten, jetzt sei es soweit, er solle sich bereit halten. Der Plan war, den betrunkenen General von Widerstandskämpfern gefangennehmen zu lassen, um dann eingekerkerte Freiheitskämpfer im Austausch freizupressen. Der Verliebte stürzte sich aber ohne weitere Präliminarien wie Kognak oder Erfrischungen auf die eintretende schöne Frau und zerrte sie aufs Bett, so daß ihr nichts anderes übrigblieb, als die versteckten Guerilleros herbeizurufen. Im dann folgenden Schußwechsel wurde der Offizier getötet.

Als Nora Astorga später nach dem Sieg der sandinistischen Revolution Botschafterin Nicaraguas in Washington werden sollte, wurde diese Geschichte in den Medien bekannt: Die moderne Judit wurde als Terroristin moralisch verurteilt und nicht akkreditiert. Später arbeitete sie als Botschafterin ihres Landes bei den Vereinten Nationen bis zu ihrem frühen Tod Anfang 1988.

Auch diese Judit hat ihr persönliches Schicksal der Sache der Befreiung ihres Volkes untergeordnet. Auch sie setzte ihre sexuelle Anziehungskraft als Waffe ein. Auch ihr wurden strategischer Überblick, Entschlossenheit und Mut nachgesagt. Wenn von Judit erzählt wurde, daß „keine Furcht in Israel herrschte, solange Judit lebte", so läßt sich vielleicht auch von dieser ungewöhnlichen Frau aus Zentralamerika sagen, daß sie die Furcht der armen Leute in ihrem Land für eine kurze Zeit vermindert hat.

Links: Die ursprünglich vergoldete Bronzestatue der Judit, die im Begriff ist, Holophernes zu enthaupten, hat Donatello (1386–1466) als Mittelstück eines Brunnens in den Jahren 1456 bis 1460 geschaffen. Sie befindet sich jetzt neben dem „David" des Michelangelo auf der Piazza della Signoria in Florenz. 1495 wurde am Sockel folgende Inschrift angebracht: „Exemplum publicae salutis", was soviel heißt wie: Vorbildliche Tat im Interesse der Allgemeinheit.

Gegenüber: Dieses als „Judit" bezeichnete Bild fällt auf durch die geradezu plastisch erscheinenden, seitwärts gedrehten Figuren. Es stammt von der in Rom geborenen Artemisia Gentileschi (1597 – ca. 1652), die eine Zeitlang mit ihrem Vater Orazio am englischen Hof Karls I. und später vorwiegend in Neapel tätig war.
Galleria Palatina, Florenz.

Antike und mittelalterliche Quellen

Joe H. Kirchberger

In den ersten sieben Kapiteln des Buches wird berichtet, wie Nebukadnezar, König von Assyrien, den mächtigen Mederkönig Arphaxad besiegte und sich danach als Herr der Welt dünkte. Er sandte Botschafter in alle Teile der Welt, bis Samaria und Jerusalem, ins Land Gosen – also Ägypten – und „bis an die Grenzen des Mohrenlandes" und forderte Unterwerfung. Alle Völker jedoch ließen seine Botschafter in Schanden wieder abziehen. Und so beschloß Nebukadnezar einen großen Rachefeldzug und gebot seinem Feldhauptmann Holophernes, gegen alle Reiche zu ziehen, die gegen Abend liegen, und sie zu unterwerfen. Holophernes überschritt den Euphrat, kam nach Damaskus und Mesopotamien, verbrannte alles Getreide und ließ Bäume und Weinberge niederhauen. Da ergaben sich ihm viele Fürsten, wie die von Libyen, Syrien und Mesopotamien. Die Kinder Israels wurden zwar auch von Furcht ergriffen, rüsteten sich aber zum Widerstand, bekräftigt von ihrem Priester Joakim. Als Holophernes davon hörte, befragte er seine Obersten, wer diese Israeliten eigentlich seien, und Achior, der Oberste der Ammoniter, antwortete und erzählte ihm vom Auszug aus Ägypten und der Eroberung des Landes Kanaan und fügte hinzu, daß die Kinder Israels immer siegreich gewesen seien, solange sie ihrem Gott gehorchten. Darüber ergrimmten Holophernes und seine Obersten. Holophernes ließ den Achior an einen Baum binden und gelobte, ihn zu strafen, sobald er die Israeliten geschlagen habe. Aber die Juden befreiten Achior und brachten ihn in ihre Stadt Betylua, wo er ihnen alles berichtete. Usija, der Oberste in Betylua, zog sich in die Berge zurück, und Holophernes begann mit der Belagerung der Stadt. Auf Rat der Ammoniter und Moabiter ließ er alle Wasserzufuhr in die Stadt abschneiden. Schon nach kurzer Zeit litten die Belagerten entsetzlich unter dem Wassermangel, klagten sich an, wider Gott gesündigt zu haben, und beteten zu ihm, sie zu bestrafen, sie aber nicht in die Hände der Feinde fallen zu lassen. Usija aber sprach zu ihnen: Habt Geduld und laßt uns noch fünf Tage ausharren und auf Hilfe von Gott warten. Bleibt diese aus, dann will ich tun, was ihr verlangt.

Zu der sehr ausführlichen Erzählung im Buch Judit hat die jüdische Tradition nicht viel hinzuzufügen. Es wurde als apokryph nicht zur hebräischen Bibel gezählt. Sie berichtet aber, daß Holophernes Judit während des Gelages sein Schwert mit den Worten überreicht habe: „Vor dir bin ich wehrlos ..." Und ferner wird erzählt, daß, solange Judit lebte, in Israel keine Furcht geherrscht habe, und noch lange nach ihrem Tode verließ sie ihr Mut nicht. Josephus erwähnt Judit überhaupt nicht.

Aber schon im frühen Mittelalter wurde das Judit-Drama in der germanischen Dichtung nacherzählt. Es gibt ein altenglisches Epos aus dem frühen 10. Jahrhundert, und in der sogenannten Vorauer Handschrift, so benannt nach einer bedeutenden Schreibstube in der Steiermark, existiert eine ältere „Judit" aus dem 12. und eine jüngere aus dem 13. Jahrhundert. In diesen Dichtungen steht Judit im Mittelpunkt, Holophernes ist nur Objekt, der verhaßte Feind und Judits Opfer. Das ältere Lied ist im volkstümlichen Balladenstil gehalten, das jüngere, längere, offenbar von einem niederösterreichischen Geistlichen verfaßte, beschränkt sich auf eine einfache, etwas unbeholfene Nacherzählung der biblischen Geschichte. Keines der beiden deutschen Werke entwickelt tiefere Gedanken oder religiöse Ideen.

Dante erwähnt zwar im zwölften Gesang des „Läuterungsberges" den Tod des Holophernes, läßt Judit aber nicht auftreten.

Sie staunten über ihre Schönheit und bewunderten ihretwegen die Söhne Israels.
Der eine sprach zum anderen: „Wer kann dieses Volk verachten, das solche Frauen bei sich besitzt?
Deshalb ist es nicht gut, auch nur einen einzigen Mann von ihnen übrigzulassen.
Denn sie sind imstande, die ganze Welt zu überlisten,
sobald sie freigelassen sind."

Judit 10,19

Oben: Zurückgekehrt nach Betylua, zieht Judit den Kopf des Holophernes aus dem Sack und zeigt ihn allem Volk, um den Verängstigten Mut zu machen. „Das ist der Kopf des Oberbefehlshabers des assyrischen Heeres ... Der Herr hat ihn durch die Hand einer Frau erschlagen."
Illustration aus dem Cod. hebr. 37. fol. 81b r, 1428.
Staats- und Universitätsbibliothek, Hamburg.

Gegenüber: Judit wird ins Zelt zu Holophernes gebracht, der ihr seine Huld und Gnade zusichert.
Illustration aus dem Cod. hebr. 37, fol. 80v, 1428.
Staats- und Universitätsbibliothek, Hamburg.

Ester

Die Bitte einer Königin

Buch Ester:
Kapitel 1, Vers 1–4; Kapitel 2, Vers 1–23;
Kapitel 4, Vers 1–17; Kapitel 5, Vers 1–14;
Kapitel 6, Vers 1–14; Kapitel 7, Vers 1–10

Die Geschichte Esters spielt in der Stadt Babylon zur Zeit des Exils. Dem widerspricht allerdings, daß König Achaschwerosch, der historische Xerxes, erst im Jahre 486 v. Chr., also lange nach dem Exil, zur Regierung kam. Andererseits entspricht sein hier beschriebener Charakter etwa dem, den wir von Herodot, dem griechischen Geschichtsschreiber und jüngeren Zeitgenossen des Perserkönigs, her kennen. Historisch unwahrscheinlich ist wiederum das Massen-Pogrom, das hier die als tolerant bekannte Achämeniden-Dynastie gegen die Juden angeordnet haben soll, und noch unwahrscheinlicher, daß sie später die Ausrottung von 75000 der eigenen Untertanen befahl und daß diese ihre Vernichtung widerstandslos hinnahmen. Man weiß auch, daß die Gattin von Xerxes Amestris hieß und daß daher kein Raum für eine Waschti oder Ester gewesen sein kann. Es ist versucht worden, die im Buche erwähnten Namen symbolisch zu deuten. Eine Ableitung von der babylonischen Göttin Ischtar liegt im Falle Esters nahe, und ähnlich hat man Mordechai (Marduk) und Waschti mit der babylonischen Mythologie in Verbindung gebracht. Merkwürdig ist, daß im Buch Ester, als einzigem der Bibel, der Name Gottes nicht erwähnt wird.

Es geschah in den Tagen des Achaschwerosch –
er war jener Achaschwerosch, der als König
von Indien bis Ägypten über hundertsiebenund-
zwanzig Landschaften herrschte –, 2 in jenen Ta-
gen, da König Achaschwerosch auf seinen
Königsthron sich niedergelassen hatte, der in der
Burg Susa stand, 3 im dritten Jahr seiner Königs-
herrschaft, veranstaltete er all seinen Fürsten und
Dienern ein Gastmahl. Die Heerführer der Perser
und Meder, die Adligen und die Provinzstatthalter
waren vor ihm erschienen. 4 Damals stellte er zur
Schau den Reichtum und Glanz seiner Königs-
herrschaft und die kostbare Pracht seiner Majestät
lange Zeit hindurch, volle hundertachtzig Tage.

Es wird dann von einem großen, prachtvollen Fest berichtet, das der König in seinem Schloß veranstaltet, während seine Königin, die schöne Waschti, ihr eigenes Fest für ihre Frauen feiert. Am siebenten Tage befiehlt Achaschwerosch, die Königin vor ihn zu führen, damit er ihre Schönheit seinen Fürsten und Großen zeige. Sie weigert sich zu kommen. Der König ergrimmt, vor allem weil Waschti damit ein schlechtes Beispiel für ungehorsame Ehefrauen setzt, und verstößt sie.

2 1 Als nach diesen Geschehnissen der Grimm
des Königs Achaschwerosch sich gelegt hatte,
dachte er an Waschti, was sie getan hatte und was
über sie beschlossen worden war. 2 Da sprachen
die Diener des Königs, die ihn bedienten: „Man
suche für den König jungfräuliche Mädchen, die
von schöner Gestalt sind! 3 Der König bestimme in
allen Provinzen seines Reiches Beamte, die alle
jungfräulichen Mädchen von schöner Gestalt zur
Burg Susa in das Frauenhaus unter die Obhut des
königlichen Eunuchen Hege, des Frauenaufsehers,
bringen sollen! Man sorge für ihre Schönheitspfle-
ge! 4 Das Mädchen aber, das dem König gefällt,
soll Königin an Stelle Waschtis werden!" Diesen
Vorschlag billigte der König und handelte danach.
5 In der Burg Susa weilte ein jüdischer Mann mit
Namen Mordechai, der Sohn Jairs, des Sohnes
Schimis, des Sohnes des Kisch, ein Benjaminit. 6 Er
war von Jerusalem mit den Gefangenen weg-
geführt worden, die mit Jechonja, dem König von
Juda, in die Gefangenschaft geschleppt waren, den
der König von Babel Nebukadnezar gefangen-
genommen hatte. 7 Er war der Vormund Hadas-
sas, das ist Ester, der Tochter seines Oheims. Denn
sie hatte keinen Vater und keine Mutter mehr. Das
Mädchen war aber von schöner Gestalt und an-
mutiger Erscheinung. Beim Tode ihres Vaters und
ihrer Mutter hatte Mordechai sie als Tochter zu
sich genommen.
8 Als der Befehl des Königs und seine Verord-
nung bekanntgemacht und viele Mädchen in der
Burg Susa unter der Obhut des Hege versammelt

Andrea del Castagno (um 1420–1457) hat Königin Ester als selbstbewußte, schöne Frau gemalt, gekleidet im Geschmack der Frührenaissance.
Galleria degli Uffizi, Florenz.

waren, wurde auch Ester in den Königspalast unter die Obhut des Frauenaufsehers Hege gebracht. [9] Das Mädchen fand Gefallen in seinen Augen und genoß seine Huld. Er gab ihr rasch ihre Schönheitsmittel und Verpflegung und verschaffte ihr sieben auserlesene Dienerinnen aus dem Königshause. Er brachte sie und ihre Dienerinnen im besten Teil des Frauenhauses unter. [10] Ihr Volk und ihre Abstammung gab Ester nicht an, da Mordechai ihr verboten hatte, sie anzugeben. [11] Täglich wandelte Mordechai vor dem Hof des Frauenhauses auf und ab, um über ihr Wohlbefinden und ihr Geschick etwas zu erfahren.

[12] Wenn nun ein jedes der Mädchen an die Reihe kam, zum König Achaschwerosch zu gehen, nachdem es entsprechend den Vorschriften für die Frauen zwölf Monate lang behandelt worden war – denn so lange dauerten die Tage ihrer Schönheitspflege, sechs Monate mit Myrrhenöl und sechs Monate mit Balsam und weiblichen Schönheitsmitteln –, [13] dann ging das Mädchen so zum König, und alles, was es begehrte, wurde ihm vom Frauenhause in den Königspalast mitgegeben. [14] Am Abend ging es hinein, und am Morgen kehrte es zum zweiten Frauenhaus zurück unter die Obhut des königlichen Eunuchen Schaaschgas, des Aufsehers über die Nebenfrauen. Zum König kam es nicht mehr, es sei denn, daß der König an ihm Gefallen fand und es namentlich gerufen wurde.

[15] Als nun Ester, die Tochter Abichails, des Oheims des Mordechai, der sie als Tochter zu sich genommen hatte, an die Reihe kam, zum König zu gehen, begehrte sie nur das, was der königliche Eunuch Hege, der Frauenaufseher, angab. Ester fand Gefallen bei allen, die sie sahen.

[16] So wurde Ester zu König Achaschwerosch in sein königliches Schloß gebracht im zehnten Monat – das ist der Monat Tebet – im siebten Jahr seiner Königsherrschaft.

[17] Der König gewann Ester mehr als alle Frauen lieb, und sie erwarb seine Huld und Gnade mehr als alle Jungfrauen. Er setzte eine Königskrone auf ihr Haupt und erhob sie an Stelle Waschtis zur Königin. [18] Dann bereitete der König all seinen Fürsten und Dienern ein großes Gastmahl, das Gastmahl Esters. Den Provinzen gewährte er einen Steuererlaß und verteilte Geschenke entsprechend der königlichen Freigebigkeit.

[19] Als sie wie die jungen Mädchen in das zweite Frauenhaus kam, [20] hatte Ester ihre Herkunft und ihr Volk nicht offenbart, wie Mordechai ihr befohlen hatte. Die Anordnung des Mordechai befolgte Ester so wie damals, als sie noch in der Obhut bei ihm weilte. [21] In jenen Tagen, da Mordechai an der Königspforte saß, gerieten Bigtan und Teresch, zwei königliche Eunuchen von den Schwellenhütern, in Zorn und gedachten, sich an König Achaschwerosch zu vergreifen. [22] Mordechai erfuhr die Angelegenheit und meldete es der Königin Ester. Im Auftrag des Mordechai teilte Ester es dem König mit. [23] Die Angelegenheit wurde untersucht und richtig befunden. Die beiden wurden am Holzpfahl aufgehängt. Es wurde im Buch der Tagesgeschehnisse für den König aufgeschrieben.

Im folgenden wird erzählt, wie der Agagiter Haman von Achaschwerosch über seine Fürsten erhoben wurde. Sie alle mußten das Knie vor ihm beugen, aber Mordechai weigerte sich. Darauf wird Haman von solchem Haß und Zorn ergriffen, daß er nicht nur Mordechai, sondern den ganzen Stamm der Juden im ganzen Reiche vernichten will. Er überredet den König, entsprechende Befehle im ganzen Reiche bekanntzugeben.

4 [1] Als Mordechai alles erfahren hatte, was geschehen war, zerriß Mordechai seine Kleider und bedeckte sich mit Bußgewand und Asche. Dann ging er mitten in die Stadt und erhob eine laute und bittere Klage. [2] Er gelangte bis vor das königliche Tor. Denn in Trauerkleidung durfte man das königliche Tor nicht betreten. [3] In einer jeden Provinz, wohin immer der königliche Befehl und sein Gesetz kamen, herrschte unter den Juden große Trauer mit Fasten, Weinen und Klagen. Für sehr viele wurden Sack und Asche als Lager zubereitet. [4] Da kamen die Dienerinnen Esters und ihre Eunuchen und erzählten ihr davon. Die Königin geriet in großen Schrecken und sandte Kleider hin, um damit Mordechai zu bekleiden und ihm das Bußgewand auszuziehen. Er aber nahm sie nicht an. [5] Da berief Ester den Hatak von den königlichen Eunuchen, der in ihrem Dienste stand, und beorderte ihn zu Mordechai, um zu erfahren, worum es sich handle und was es bedeute. [6] Hatak ging zu Mordechai hinaus auf den Platz der Stadt, der vor dem königlichen Tor sich befand. [7] Mordechai erzählte ihm alles, was ihm begegnet war, und auch die Summe des Silbers, das Haman in die

Gegenüber: Wie jede Jungfrau, die König Achaschwerosch vorgeführt werden sollte, mußte auch Ester vorher ein Jahr ins „Frauen-Schmücken", um sechs Monate lang mit Balsam und Myrrhe und weitere sechs Monate mit aromatischen Spezereien kosmetisch „geschönt" zu werden. Gemälde von Théodore Chassériau (1819–1856), einem Schüler von Ingres. Das Bild entstand 1842.
Louvre, Paris.

Ester auf dem Wege zu König Achaschwerosch. Ihr Verwandter Mordechai, der sie nach dem Tode ihrer Eltern adoptiert hatte, ließ Ester zweimal Botschaften zukommen, in denen er sie beschwor, sich bei Achaschwerosch dafür einzusetzen, daß die Juden nicht der Vernichtung durch den Judenhasser Haman ausgeliefert würden. Gemälde von Filippino Lippi (1457–1504), einem Schüler Botticellis. National Gallery of Canada, Ottawa.

königliche Schatzkammer zu zahlen versprochen
hatte wegen der Juden, um sie vernichten zu
können. [8] Auch den Wortlaut der zu ihrer Ver-
nichtung in Susa erlassenen Verfügung gab er ihm,
um sie Ester zu geben und ihr mitzuteilen und zu
befehlen, sie solle zum König gehen, um ihn um
Erbarmen anzuflehen und bei ihm Fürbitte für ihr
Volk einzulegen. [8a] *Er ließ ihr sagen: „Gedenke*
der Tage deiner Niedrigkeit, wie du durch meine
Hand ernährt wurdest! Denn Haman, der Zweite
nach dem König, hat gegen uns zum Tode gespro-
chen. [8b] *Du aber rufe Gott an, dann sprich zum*
König für uns und befreie uns vom Tode!“
[9] Hatak ging hin und überbrachte Ester die
Mitteilungen des Mordechai. [10] Da sprach Ester zu
Hatak und beorderte ihn zu Mordechai: [11] „Alle
Diener des Königs und das Volk in den königli-
chen Provinzen wissen, daß für jeden, Mann oder
Frau, der ungerufen zum König in den inneren
Vorhof kommt, nur ein Gesetz besteht, daß man
ihn töte, es sei denn, daß der König sein goldenes
Zepter nach ihm ausstreckt, damit er lebe. Nun
bin ich schon seit dreißig Tagen nicht mehr geru-
fen worden, zum König zu kommen.“ [12] Man
übermittelte Mordechai die Worte Esters. [13] Mor-
dechai sagte, man solle Ester zurückmelden:
„Denk in deinem Herzen ja nicht daran, du
würdest allein von allen Juden dank des königli-
chen Hauses gerettet! [14] Vielmehr, wenn du dich in
dieser Zeit in Schweigen hüllst, wird den Juden
Errettung und Befreiung von einem anderen Orte
erstehen. Du aber und das Haus deines Vaters
werden untergehen. Wer weiß, ob du nicht gerade
für eine solche Zeit zur Königswürde empor-
gestiegen bist?“ [15] Da befahl Ester, Mordechai zu
erwidern: [16] „Wohlan, versammle alle in Susa sich
befindenden Juden! Haltet ein Fasten meinetwe-
gen! Eßt und trinkt drei Tage nichts, Tag und
Nacht! Auch ich und meine Dienerinnen wollen
ebenso fasten! So will ich dann zum König gehen,
und zwar gegen das Gesetz! Komme ich dann um,
so komme ich um.“ [17] Da ging Mordechai fort und
handelte nach allem, was Ester ihm befohlen hat-
te.

5 [1a] *Als sie* am dritten Tag *das Gebet beendet*
hatte, zog sie die Kleider ihres Dienstes aus
und legte ihre Prachtgewänder an. *Als sie herrlich*
geschmückt war und den alles sehenden Gott und
Retter angerufen hatte, nahm sie die beiden Die-
nerinnen mit sich. Auf die eine stützte sie sich, wie
wenn sie überzart wäre; die andere aber folgte ihr
und trug die Schleppe ihres Gewandes. [1b] *Sie selbst*
erstrahlte in ihrer blühenden Schönheit. Ihr Ant-
litz war heiter wie voller Liebreiz. Ihr Herz aber
war von Furcht beklommen. [1c] Als sie alle Türen
durchschritten hatte, trat sie vor den König. Er
selbst saß auf seinem Königsthrone *und hatte sein*
volles Prachtgewand angelegt, ganz in Gold und
Edelsteinen. Er war furchtbar anzusehen. [1d] Er er-
hob sein Antlitz, *das in Herrlichkeit erstrahlte,*
und blickte in grimmigem Zorne auf. Da fiel die
Königin um und wechselte in der Ohnmacht die
Farbe. Sie neigte sich nieder auf das Haupt der
Dienerin, die voraufging. [1e] *Da wandelte Gott den*
Geist des Königs und neigte ihn zur Milde. *Voller*
Unruhe sprang er von seinem Throne auf und
nahm sie in seine Arme, bis sie sich erhob. Dann
mahnte er sie mit freundlichen Worten und sprach
zu ihr: [1f] *„Was ist dir, Ester? Ich bin dein Bruder.*
Sei getrost! Du wirst nicht sterben. Denn unser
Befehl gilt nur im allgemeinen. Tritt herzu!“
[2] Dann erhob er den goldenen Stab und legte ihn
auf ihren Hals, *küßte sie und sprach: „Sprich zu*
mir!“ [2a] *Da sprach sie zu ihm: „Ich schaute dich,*
Herr, wie einen Engel Gottes. Da wurde mein
Herz aus Furcht vor deiner Herrlichkeit verwirrt.
Denn du bist wunderbar, Herr, und dein Antlitz ist
voller Anmut.“ [2b] *Als sie so redete, fiel sie ohn-*
mächtig zusammen. Da geriet der König in
Schrecken, und seine ganze Dienerschaft redete
ihr zu. [3] Dann sprach der König zu ihr: „Was ist
dir, Königin Ester? Was ist dein Begehren? Bis zur
Hälfte des Königreiches sei es erfüllt.“ [4] Da ant-
wortete Ester: „Wenn es dem König zusagt, kom-
me der König heute mit Haman zum Gelage, das
ich ihm bereitet habe!“ [5] Da befahl der König:
„Ruft eilends Haman herbei, um der Bitte Esters
zu entsprechen!“
So kamen der König und Haman zum Gelage,
das Ester bereitet hatte. [6] Beim Weingelage sprach
der König zu Ester: „Was ist deine Bitte? Sie sei dir
gewährt! Was ist dein Begehren? Bis zur Hälfte des
Königreiches sei es erfüllt!“ [7] Da antwortete Ester
und sprach: „Meine Bitte und mein Begehren sind:
[8] Wenn ich in den Augen des Königs Gefallen
gefunden habe und es dem König zusagt, meine
Bitte zu gewähren und mein Begehren zu erfüllen,
dann komme der König mit Haman zu dem Gela-
ge, das ich ihnen bereiten werde! Morgen will ich
dann dem Wunsch des Königs nachkommen!“
[9] An diesem Tage ging Haman in froher und
guter Stimmung hinaus. Als aber Haman Morde-
chai im Königstor sah, wie er nicht aufstand und
keine Furcht vor ihm zeigte, wurde Haman mit
Zorn gegen Mordechai erfüllt. [10] Doch er bezwang
sich und ging in sein Haus. Dann ließ er seine
Freunde und seine Frau Seresch kommen. [11] Ha-
man erzählte ihnen vom Glanz seines Reichtums,
der Menge seiner Söhne und von allem, womit der
König ihn ausgezeichnet hatte und daß er ihn über
die Fürsten und Diener des Königs erhöht hatte.
[12] Dann sprach Haman: „Selbst die Königin Ester

Esters Gebet
Das Buch Ester, Kapitel 4, Vers 17k–17z

4 17k *Königin Ester floh zum Herrn, da sie von Todes-*
angst erfaßt war. Sie legte ihre Prunkgewänder ab
und zog die Not- und Trauerkleider an. Statt kostbarer
Spezereien legte sie Staub und Kot auf ihr Haupt. Ihren Leib
erniedrigte sie sehr und bedeckte jede Stelle, die sie mit
Freuden geschmückt, mit ihren Haarflechten. Sie betete
zum Herrn, dem Gott Israels, und sprach:
17l *„Mein Herr, unser König bist du allein! Hilf mir, die ich*
einsam bin und keine Hilfe habe außer dir! Denn meine
Gefahr ist in meiner Hand!
17m *Ich hörte von meiner Geburt an im Geschlecht meiner*
Familie, daß du, Herr, Israel aus allen Völkern angenommen
und unsere Väter aus all ihren Vorfahren zum ewigen Erb-
teil angenommen und ihnen erfüllt hast, was du verheißen
hattest.
17n *Jetzt aber haben wir vor dir gesündigt, und du gabst uns*
in die Gewalt unserer Feinde, da wir ihre Götter verehrt
haben. Gerecht bist du, Herr!
17o *Jetzt aber begnügen sie sich nicht mit unserer harten*
Knechtschaft, sondern legten ihre Hände zum Schwur in die
Hände ihrer Götterbilder, die Bestimmung deines Mundes
aufzuheben, dein Erbteil zu vernichten, den Mund derer zu
verschließen, die dich loben, und den Ruhm deines Hauses
und Altares auszulöschen, 17p *den Mund der Heidenvölker*
zum Lobpreis der nichtigen Götzen zu öffnen und bewun-
dern zu lassen auf ewig einen fleischlichen König.
17q *Übergib dein Zepter nicht den Nichtseienden! Sie sollen*
nicht lachen über unseren Fall! Vielmehr wende ihren Plan
gegen sie! Jenen aber, der gegen uns begonnen hat, mach
zum Strafbeispiel!
17r *Gedenke, Herr, und offenbare dich zur Zeit unserer*
Drangsal! Verleihe mir Mut, du König der Götter und Be-
herrscher jeder Macht!
17s *Lege wohlgeordnete Rede in meinen Mund vor dem*
Löwen! Wandle sein Herz in Haß um gegen jenen, der uns
bekämpft, zu seinem und seiner Gesinnungsgenossen Ver-
derben!
17t *Uns aber errette durch deine Hand und hilf mir, der*
Einsamen, die niemand hat als nur dich, Herr!
17u *Du weißt alles, und du weißt auch, daß ich die Herrlich-*
keit der Gesetzlosen hasse und das Ehebett der Un-
beschnittenen und eines jeden Fremden verabscheue.
17v *Du kennst meine Not, daß ich das Zeichen meiner Hoheit*
verabscheue, das an den Tagen meines öffentlichen Auf-
tretens auf meinem Haupte ist. 17w *Ich verabscheue es wie*
ein durch die monatliche Reinigung beschmutztes Tuch und
trage es nicht an den Tagen meiner Ruhe.
17x *Deine Dienerin aß nicht am Tische Hamans, verherrlichte*
nicht des Königs Gastmahl, noch genoß ich Trankopferwein.
17y *Auch erfreute sich deine Dienerin seit dem Tage meiner*
Versetzung bis heute nur in dir, Herr, Gott Abrahams.
17z *Gott, der du stärker bist als alle, höre die Stimme der*
Verzweifelten und rette uns aus der Gewalt der Übeltäter!
Befreie mich von meiner Angst!“

„Was ist deine Bitte,
Königin Ester?
Sie sei dir erfüllt!
Was ist dein Begehren?
Bis zur Hälfte des Reiches
sei es gewährt!“

Ester 7,2

Oben: Ester riskiert ihr Leben, als sie unaufgefordert zu Achaschwerosch kommt, um ihn zu bitten, Hamans finstere Pläne, an einem bestimmten Tage alle Juden umzubringen, zu durchkreuzen. Ester war bis zum König vorgedrungen, doch dann verließ sie ihre Kraft, und sie brach ohnmächtig zusammen.
Gemälde von Antoine Coypel (1661–1722).
Louvre, Paris.

Links: Inmitten einer reich verzierten Initiale aus einer im Dommuseum in Florenz befindlichen Handschrift, sitzt Königin Ester, ein Spruchband in Händen, auf einem thronartigen Sessel.
Museo dell'Opera del Duomo, Florenz.

Vorhergehende Seite: Auf einem dreiteiligen Tafelbild hat der Niederländer Herri met de Bles (um 1500 bis 1559/60) in der Mitte die Szene dargestellt, wie Ester sich vor dem König niederwirft, um für ihre jüdischen Glaubensbrüder Gnade zu erflehen. Auf den Seitenflügeln sind die Gelage zu sehen, die der König für Ester und Ester für den König und Haman gibt.
Pinacoteca Nazionale, Bologna.

lud niemand als nur mich ein, mit dem König zum
Gelage zu kommen, das sie bereitet hatte. Auch
für morgen bin ich mit dem König zu ihr einge-
laden. 13 Doch all das genügt mir nicht, solange ich
den Juden Mordechai an der Königspforte sitzen
sehe." 14 Da sprachen seine Frau Seresch und all
seine Freunde zu ihm: „Man errichte einen Pfahl
von fünfzig Ellen Höhe! Sprich dann morgen früh
mit dem König, daß man Mordechai an ihm auf-
hängen soll! So kannst du fröhlich mit dem König
zum Gelage gehen!" Haman gefiel der Plan, und er
ließ den Pfahl aufrichten.

6 1 In dieser Nacht blieb der Schlaf vom König
fern. Da befahl er, das Buch der denkwürdi-
gen Tagesgeschehnisse zu bringen. Sie wurden
dem König vorgelesen. 2 Es fand sich aufgezeich-
net, daß Mordechai die beiden königlichen Eunu-
chen Bigtan und Teresch von den Schwellenwäch-
tern angezeigt hatte, die danach getrachtet hatten,
Hand an König Achaschwerosch zu legen. 3 Da
sprach der König: „Was hat Mordechai als Ehre
und Anerkennung dafür erhalten?" Da antworte-
ten die Diener, die seinen Dienst versahen: „Ihm ist
gar nichts geschehen." 4 Da sprach der König:
„Wer ist im Vorhof?" Haman war eben in den äu-
ßeren Vorhof eingetreten, um dem König zu un-
terbreiten, man solle Mordechai am Pfahle auf-
hängen, den er für ihn errichtet hatte. 5 Da sagten
die Diener des Königs zu ihm: „Siehe, Haman
steht im Hofe!" Nun befahl der König: „Er soll
kommen!" 6 Als Haman eingetreten war, sprach
der König zu ihm: „Was soll man dem Mann tun,
an dessen Ehrung der König Gefallen findet?" Da
dachte Haman bei sich: „Wem kann der König
mehr Ehre erweisen wollen als mir?" 7 So antwor-
tete Haman dem König: „Dem Mann, den der
König ehren will, 8 soll man ein königliches Ge-
wand bringen, das der König selbst getragen hat,
und ein Pferd, auf dem der König geritten ist, und
auf dessen Haupt eine Königskrone gesetzt ist.
9 Gewand und Pferd übergebe man einem von den
vornehmen Fürsten des Königs. Man bekleide den
Mann, den der König ehren will, und lasse ihn auf
dem Pferde auf dem Platz der Stadt reiten und vor
ihm ausrufen: ‚So geschieht dem Mann, an dessen
Ehrung der König Gefallen findet!'" 10 Da sprach
der König zu Haman: „Nimm eilends das Gewand
und das Pferd, wie du gesagt hast, und verfahre so
mit dem Juden Mordechai, der im Königstor
weilt! Nichts bleibe unberücksichtigt von all dem,
was du gesagt hast!"

11 Da nahm Haman das Gewand und das Pferd,
bekleidete Mordechai, ließ ihn auf dem Platz der
Stadt reiten und rief vor ihm aus: „So geschieht
dem Mann, an dessen Ehrung der König Gefallen
findet!" 12 Danach ging Mordechai zur Königs-
pforte zurück. Haman aber eilte traurig und ver-
hüllten Hauptes in sein Haus. 13 Dann erzählte
Haman seiner Frau Seresch und all seinen Freun-
den alles, was ihm zugestoßen war. Da antworte-
ten ihm seine Freunde und seine Frau Seresch:
„Wenn Mordechai, vor dem du zu fallen beginnst,
aus dem Stamm der Juden ist, kannst du ihm
nichts anhaben. Vielmehr wirst du vor ihm sicher
zu Fall kommen." 14 Noch sprachen sie mit ihm,
da kamen die königlichen Eunuchen, um Haman
eilends zum Gelage zu holen, das Ester bereitet
hatte.

7 1 So kamen der König und Haman, um mit
der Königin Ester ein Gelage zu halten.
2 Auch an diesem zweiten Tage sprach der König
beim Weingelage zu Ester: „Was ist deine Bitte,
Königin Ester? Sie sei dir erfüllt! Was ist dein Be-
gehren? Bis zur Hälfte des Reiches sei es gewährt!"
3 Da antwortete Königin Ester und sprach: „Wenn
ich Gnade vor dir gefunden habe, o König, und
wenn es dem König gut scheint, werde mir auf
meine Bitte hin mein Leben geschenkt und mein
Volk nach meinem Begehren! 4 Denn wir wurden
verkauft, ich und mein Volk, zur Vernichtung, Er-
mordung und Ausrottung. Wenn wir nur als Skla-
ven und Sklavinnen verkauft würden, hätte ich
geschwiegen. Denn die Bedrängnis wäre nicht
wert zur Belästigung des Königs." 5 Da sprach
König Achaschwerosch voll Ungestüm zur Köni-
gin Ester: „Wer ist der Mensch und wo ist er, der
seinen Sinn mit solcher Tat erfüllte?" 6 Da sprach
Ester: „Der Widersacher und Feind ist dieser
Übeltäter Haman!" Haman wurde vor dem König
und der Königin von einem plötzlichen Schrecken
erfaßt. 7 In seinem Zorn erhob sich der König vom
Weingelage und ging in den Garten des Palastes.
Haman aber blieb stehen, die Königin Ester um
sein Leben anzuflehen. Denn er erkannte, daß das
Unheil über ihn beim König beschlossene Sache
war.

8 Als der König aus dem Palastgarten zum Haus
des Gelages zurückkehrte, war Haman gerade auf
das Ruhebett niedergefallen, auf dem Ester lag. Da
sprach der König: „Will man auch noch die Köni-
gin bei mir im Hause vergewaltigen?" Kaum war
das Wort dem Munde des Königs entschlüpft, da
verhüllte man das Haupt Hamans. 9 Harbona,
einer der Eunuchen, sagte vor dem König: „Siehe,
schon steht im Hause Hamans der fünfzig Ellen
hohe Pfahl, den Haman für Mordechai aufstellen
ließ, der ein gutes Werk für den König vollbracht
hatte!" Da befahl der König: „Hängt ihn daran
auf!" 10 Da hängte man Haman an den Pfahl, den
er für Mordechai errichtet hatte. Dann ließ der
Zorn des Königs nach.

„Ester vor König Achaschwerosch“, Gemälde von Paolo Veronese (1528–1588). Hier ist Ester von Dienerinnen begleitet, und die Szene spielt sich in einem mehrstöckigen Raum ab, von dessen Galerie Zuschauer hinunterblicken.
Galleria degli Uffizi, Florenz.

Zwei Frauengestalten tauchen im Buch Ester auf, Waschti und Ester, beide haben Anteil an der verborgenen Geschichte der Kraft gegen Übermacht und alltägliche Gewalt, aber nur eine ist ins helle Licht des biblischen Buches getaucht, die andere, Waschti, verschwindet gleich am Anfang nach einer mutigen Tat der Verweigerung.

Der kleine historische Roman, als den man das Buch Ester ansehen muß, spielt in der Zeit des Xerxes (486–465 v.Chr.). Das persische Weltreich ist noch auf dem Höhepunkt seiner Macht. Glanz, Reichtum und Prunk werden in den phantastischen Festen am Anfang des Buches dargestellt. Der König und seine erlesenen Gäste geraten in

Im Angesicht von Hamans Galgen

Dorothee Sölle

einen Wettstreit, wer die schönste Frau besitzt, ein Gezänk unter Betrunkenen, ein vulgäres Kneipengespräch unter Männern. König Achaschwerosch ist seiner Sache ganz sicher und befiehlt sieben persönlichen Kämmerern, seine Frau zu holen, „um ihre Schönheit den Völkern und Fürsten zu zeigen" (Est 1,11). Die Königin Waschti weigert sich zu gehorchen. Warum sie das Ansinnen ablehnt, wird nicht erwähnt, vermutlich soll sie, wie in der berühmten Geschichte von Herodot über Gyges und Kandaules, unbekleidet vor den Gästen posieren. Das Ausstellungsstück soll hüllenlos begutachtet werden. Als Waschti das, adliger Sitte gemäß, verweigert, ergrimmt der König. Eine Staatsaktion ist am Platz, ist nicht die gesamte gesellschaftliche Ordnung bedroht?! Es könnten ja mehr Frauen auf den Gedanken kommen, das Besitzer-Verhältnis in Frage zu stellen! Die Königin verliert den Thron und alle Rechte, vor allem aber wird der kleine Vorfall von den führenden Juristen zum Anlaß genommen, einen Erlaß herauszubringen, der die Herrschaft jedes Mannes in seinem Haus sichern soll. Der unscheinbare Akt der Nichtkooperation und des Widerstands gegen die alleinherrschende Gewalt des Patriarchats hat tiefe Ängste und legalistische Aktivitäten ausgelöst.

Zugleich gibt die Episode der Waschti den Anlaß für die Geschichte der Jüdin Ester. Die unbotmäßige Königin muß ersetzt werden, und vielleicht hat der Erzähler eine gewisse Sympathie für die mutige Waschti, die dann aus der Erzählung verschwindet, auf Ester übertragen. Zumindest das Grundthema, der Kontrast von patriarchaler Macht und weiblicher Fragilität, ist in beiden Frauengeschichten gestaltet.

Ester ist ein armes Waisenkind, das bei seinem Oheim und Pflegevater Mordechai aufwächst. Nicht ohne Humor wird berichtet, wie die schönsten Jungfrauen aus allen Provinzen in den Harem des Königs gesandt werden und dort eine einjährige kosmetische Vorbereitung absolvieren, mit Myrrhenöl, Balsam und Eselinnenmilch. Das

jüdische Mädchen Ester, deren Name wohl „sich verbergen" bedeutet, was auf ihre persönliche Lage wie auf das Schicksal ihres Volkes hindeutet, wird die erwählte Königin. Die Zugehörigkeit zu ihrem Volk muß sie auf den Rat des erfahrenen Mordechai, der eine Stellung bei Hof einnimmt, verbergen. Wohl aber offenbart sie dem König eine gegen ihn angezettelte Verschwörung und erwähnt dabei ihren Vormund Mordechai.

Eine Gegenhandlung zu dieser märchenhaften Geschichte entsteht durch einen anderen Höfling, Haman, der Karriere gemacht hat und über die anderen Staatsdiener gesetzt wird. Nach persischem Brauch verlangt er eine kniefällige Huldigung, die Proskynese, die aber der Jude Mordechai verweigert. Der Minister Haman wird darüber zum Verfolger aller Juden. Diese Begründung für den Haß auf alles Jüdische war der Tradition zu dünn, so sucht sie nach anderen Gründen für Hamans Judenhaß und beginnt eine der unbeantwortbaren Fragen zu stellen, die in unserm Jahrhundert Nelly Sachs so formuliert hat: „Warum die schwarze Antwort des Hasses auf dein Dasein, Israel?" Haman in der Bibel steht als Symbolfigur für diese schwarze Antwort, den blinden und totalitären Vernichtungswillen gegen das jüdische Volk. Geldgier und Neid mögen in diesen Haß hineinspielen (Est 3,9), aber das tiefste Moment dessen, was in der Moderne dann „Antisemitismus" heißen wird, liegt in der Andersheit der Juden; sie folgen anderen Gesetzen und Lebensregeln als „die Völker". Ohne daß das Wort „Gott" im Esterbuch ausgesprochen würde, ist es doch das Festhalten an dem anderen Gott, das dieses Volk anders macht, absondert und zum Objekt des irrationalen Hasses gemacht hat.

Der Minister Haman also plant gründlich und genau einen Völkermord an den Juden. Sein Symbol ist der im Palastgelände aufgerichtete riesige Galgen. König Xerxes, der im ganzen Buch wie eine mit Krone und Zepter bekleidete Marionette erscheint, stimmt Hamans Vorschlägen zu. In dieser Situation verschlingen sich die beiden Erzählfäden vom blutlüsternen Haman und der schönen jüdischen Königin. Mordechai, der Vormund, bringt die widerstrebende Ester dazu, beim König zu intervenieren. Sie muß sich zwischen ihren beiden Rollen, Königin eines Weltreiches und Angehörige einer bedrohten Minderheit zu sein, entscheiden. Ein Schweigen in einer solchen Situation, um das eigene Leben nicht zu gefährden, kann nur Unglück bringen (Est 4,14). Ester riskiert ihr Leben mit der Intervention beim König.

Dieser erinnert sich plötzlich an die Aufdeckung der früheren Verschwörung durch den Juden Mordechai; die reichlich künstliche Verknüpfung stellt eine der erzählerischen Schwächen dar, an denen der kleine Roman, der die Stimmung, nicht aber reale Fakten der Geschichte wiedergibt, reich ist. Haman, der Judenfeind, verliert alle Macht und fleht die jüdische Königin um Hilfe an; sein Kniefall, ein weiterer ironischer Zug, wird von Achaschwerosch-Xerxes als Vergewaltigungsversuch gedeutet.

So ist die Gefahr der Vernichtung der Juden innerhalb der Ebene höfischer Intrigen abgewandt, aber damit nicht genug: eine Racheszene, in der 75000 Perser aus allen Provinzen des riesigen Reiches hingemetzelt werden, folgt. Haman endet am Galgen, den er für Mordechai aufgebaut hatte, und seine zehn Söhne werden auf besonderen Wunsch der Königin getötet. Das Purimfest feiert diesen Tag als Siegesfest mit Musik, Tanz, Verkleidung und Theaterspiel. Ester ist im Verlauf der Erzählung immer selbständiger geworden, am Ende handelt sie ohne Anweisung. Aber ganz froh kann man dieser Verselbständigung nicht werden, wiederholt sie doch nur die bekannten männlichen Muster der Vergeltung und der Rache, als könne es wirkliche Freiheit und ein Heraustreten aus dem Zirkel der Gewalt nicht geben.

Oben: Aert de Gelder (1645–1727) zeigt Mordechai mit Ester, der Tochter seines verstorbenen Oheims, die er adoptiert hat, in ernstem Gespräch. Mordechai hat Kenntnis davon bekommen, daß Haman, der Günstling des Königs, alle Juden töten lassen will. Nationalmuseum, Budapest.

Links: Ester schickt Mordechai durch einen Boten einen Brief, in dem sie ihm mitteilt, daß ihr die Tat, die er von ihr verlangt, zu gefährlich sei. Miniatur aus der Handschrift 288, fol. 278, des 15. Jahrhunderts. Chorherrenstift, Vorau.

Gegenüber: Unter der Segenshand Gottes wird Ester zur Königin gekrönt. Schmuck-Initiale aus einer in Barcelona befindlichen Bibelhandschrift.

Unter Todesstrafe war es verboten, ohne gerufen zu sein, vor dem König zu erscheinen. Doch Ester wagt es, um für die Juden um Gnade zu flehen. Der König berührt sie mit der Spitze seines Zepters als Zeichen, daß sie nichts zu befürchten habe. Tafel vom Heilspiegelaltar des Konrad Witz (1400 – um 1444). Kunstmuseum, Basel.

Antike und mittelalterliche Quellen

Joe H. Kirchberger

Das Buch Ester spielt im 5. Jahrhundert v. Chr., ist aber wahrscheinlich erst in der zweiten Hälfte des 2. Jahrhunderts v. Chr. geschrieben worden, denn es scheint die Stimmung der Juden zur Zeit der Makkabäerkämpfe widerzuspiegeln. Offenbar soll es auch die Entstehung des Purimfestes legitimieren, das erst spät offiziell anerkannt wurde. Das Purimfest geht vielleicht auf ein ursprünglich heidnisches Frühlingsfest zurück, denn es wird im sechsten Monat des jüdischen Kalenders, Adar, also im Februar-März, gefeiert. Andrerseits hat man vermutet, daß die Sage von Ester und Mordechai auf einen babylonischen Mythus von Ischtar und Marduk zurückgeht und daß das Purimfest eigentlich das babylonische Neujahrsfest ist. In jedem Fall scheint das Buch von einem persischen Juden verfaßt zu sein.

Der jüdischen Legende nach war Salomo der weiseste und Achaschwerosch der reichste aller Könige, doch er wird als unbeständiger, törichter Herrscher beschrieben, der seine Lieblinge im Zorn von sich weist und es dann bereut. Zu seinem großen Fest soll er dreitausenddreihundertdreiunddreißig Botschafter ausgesandt haben, die die siebzig Sprachen der Welt beherrschten. Sein Palast war so groß, daß die Zehntausende von Gästen mit ihren Dienern und Dienerinnen reichlich Platz hatten. Kein Gast trank zweimal aus demselben Pokal, und der Wein, der serviert wurde, war stets ein Jahr älter als der Gast selbst und kam aus seinem Heimatland. In jedem Monat des sechsmonatigen Festes stellte der König neue Schätze und heilige Schriftrollen wie auch Geschenke seiner Gäste zur Schau.

Der Grund, warum Achaschwerosch die Königin Waschti vor sich zitierte, war eine Diskussion unter seinen Gästen. Die Perser behaupteten, ihre Frauen seien die schönsten, und die Meder sagten dasselbe von den ihrigen. Da sprach Achaschwerosch: „Mein Weib ist weder persisch noch medisch, sondern chaldäisch. Und doch ist sie die schönste Frau in allen meinen Reichen." Und um es zu beweisen, befahl er, sie den Gästen vorzuführen.

Waschti wurde verbannt. Die jüdische Tradition sagt sogar, daß Achaschwerosch sie hat hinrichten lassen. Waschti hätte diese Strafe verdient, weil sie ihn einst daran gehindert hatte, den Tempel in Jerusalem wiederaufbauen zu lassen. Nach dieser Tat hatten sich alle schönen Jungfrauen in seinem Palast einzufinden: Tausende kamen auf Kamelen oder Elefanten, zu Pferde oder in einer Karosse. Jeder wurden sieben Dienerinnen zugeteilt. Aber eines Tages vernahm der König, daß ein Mann in Susa mit Namen Mordechai seine schöne junge Nichte nicht zum Palast gebracht hatte. Darauf erließ er ein Gesetz, wonach jeder, der eine schöne Jungfrau verborgen hielt, gehängt werden sollte. So mußte Mordechai seine Nichte in den Palast bringen.

Mordechai war nach Susa von Babylon gekommen, wohin seine Eltern als Gefangene von Jerusalem gebracht worden waren. Der Name seiner Nichte war ursprünglich Hadassah, das bedeutet „Myrte"; aber als er sie in Susa verborgen hielt, nannte er sie „Ester", das heißt „die Verborgene" oder aber auch: „Die, die verbirgt" – denn sie hielt ihre Religion vor ihrem Gatten lange Zeit geheim. Als nun Ester in den Palast kam, brachte sie Hege, den Kämmerer, in Bedrängnis, denn sie verlangte nach keinem Schmuck, keinen Kleidern und keinem Parfüm und rührte auch kein Fleisch an. Der Kämmerer fürchtete, der König würde ihn als Oberaufseher des Frauenhauses dafür verantwortlich machen und hängen lassen. Aber Ester beruhigte ihn: „Unter so vielen Jungfrauen wird der König mich gar nicht bemerken."

Nach vierjähriger Vorbereitung – so will es die Legende – wurden alle Mädchen vorgeführt, und Ester stand unter den Reichgeschmückten gänzlich schmucklos in ihrer natürlichen Anmut. Der König aber stieg vom Thron herab, schritt geradewegs auf sie zu und setzte ihr die Krone aufs Haupt.

Ester war glücklich als Königin, nur eins machte ihr zu schaffen: Jeder Tag war ein Festtag, und einer verlief wie der andere, so daß es schwierig für sie war, sich des Sabbats zu erinnern, den sie als fromme Jüdin einhalten wollte. Dann fiel ihr ein Mittel ein: Sie gab sieben ihrer Mägde neue Namen, die den Tagen der Woche entsprachen, und befahl ihnen, sie stets in derselben Reihenfolge zu bedienen. Da wußte sie: Wenn „Firmament" ihr aufwartete, war es Sonntag, „Werktag" kam montags, „Garten" dienstags, „Strahlend" mittwochs, „Geschwind" donnerstags, „Lamm" freitags. Und wenn „Ruhe" zu ihr kam, wußte sie, daß Sabbat war. Durch solche und ähnliche Maßnahmen gelang es ihr, ihre Frömmigkeit im Palast von Götzenanbetern zu bewahren.

HAMANS HASS auf die Juden wird von der Tradition folgendermaßen erklärt: Während seiner Jugend hatte er im Heere gedient, und eines Tages waren er und einige seiner Kameraden vom Rest des Heeres abgeschnitten. Haman hatte keine Eß- und Trinkvorräte mehr und war so verzweifelt, daß er zu allen seinen Kameraden ging und sie um Wasser und Brot bat; dafür gelobte er, sich seinem Retter auf Lebenszeit als Sklaven zu verdingen. Alle seine Kameraden lehnten das ab, denn die benötigten ihre eigenen Vorräte mehr als einen Sklaven. Nur einer seiner Kameraden sagte: „Wenn wir nicht bald gerettet werden, müssen wir ohnehin Hungers sterben. Komm also und teile Wasser und Brot mit mir!“ Am selben Tag wurden Haman und seine Kameraden befreit, und man vergaß den Zwischenfall. Er wurde reich, gründete eine zahlreiche Familie und verlangte nach Macht. So zog er nach Susa an den Hof des Königs und wurde schließlich der Erste an dessen Hof. Alle mußten sich vor ihm beugen, aber eines Tages bemerkte er einen Mann, der das nicht tat. Als er ihn zur Rede stellte, sagte dieser: „Ich beuge mich nicht vor einem, der gelobte, mein Sklave zu sein.“ Da erkannte Haman den Mordechai wieder und erbleichte. Er besprach sich mit seiner Frau Seresch (Zerish), die ihm riet, Mordechai töten zu lassen und damit die Erinnerung an seinen schmachvollen Eid zu tilgen. „Das wird schwierig sein“, erwiderte Haman, „denn ich habe entdeckt, daß Mordechai unter dem Schutz der Königin steht.“ – „Dann mußt du einen Weg finden, nicht nur Mordechai, sondern alle Juden in den hundertsiebenundzwanzig Königreichen umzubringen.“

Danach verbrachte Haman viele schlaflose Nächte und erdachte einen Plan, alle Juden töten zu lassen. Er beschwerte sich beim König über sie, sagte ihm unter anderm, daß sie so viele Feiertage und Gebetsstunden hätten und daher wenig Arbeit leisteten, daß sie Pharaos Tod im Roten Meer verursacht und seinen Vorfahren Amalek durch Lug und Trug umgebracht hätten, indem Josua die Sonne stillstehen ließ; auch daß sie den großen General Sisera hinterlistig durch eine Frau (Jael) getötet hätten.

Als Mordechai von dem Edikt gegen die Juden hörte, begegnete er drei Judenkindern, die von der Schule kamen. Auf seine Frage, was sie heute gelernt hätten, sagte der erste: „Fürchte dich nicht vor plötzlicher Gefahr!“, der zweite: „Laßt sie nur reden, es wird zu nichts führen!“, und der dritte: „... tragen will ich und aushändigen!“ Diese Sätze sah Mordechai als gutes Zeichen an, er dankte den Kindern und sagte zu Haman, der ihm begegnete: „Ich freue mich ob der guten Nachricht, die mir

heute durch den Mund von Schulkindern zugekommen ist.“

Als dann Ester erreicht hatte, daß der König mit ihr und Haman ein Mahl einnehmen würde, fragte Seresch ihren Mann: „Bin ich auch eingeladen?“ – „Nein, nur die Königin und ich.“ Darauf wurde Seresch zornig. Sie hatte Waschti gehaßt, die sie niemals eingeladen hatte, und sie haßte Ester, denn sie hatte gehofft, ihre eigene Tochter würde Königin werden. Nun haßte sie Ester noch mehr. Um Seresch zu besänftigen, bemerkte Haman: „Ich begegnete Mordechai heute morgen und bin froh, daß ich ihn nicht mehr lange zu sehen brauche.“ Da seufzte Seresch und sagte: „Du kannst ihn nicht verbrennen – bedenke, wie Abraham in Nimrods Ofen gerettet wurde. Kannst ihm nicht die Kehle abschneiden – bedenke, wie Isaak vor

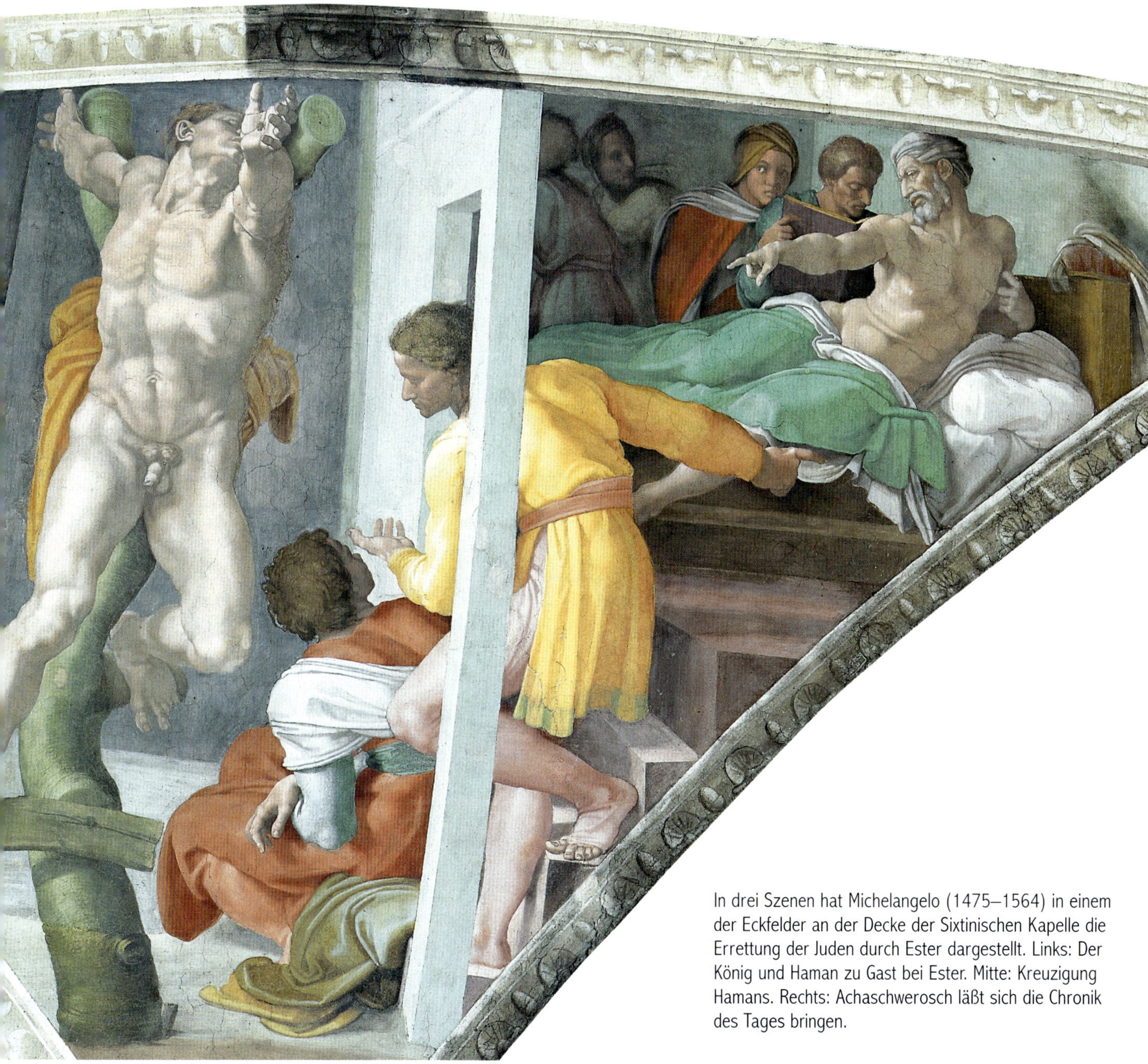

In drei Szenen hat Michelangelo (1475–1564) in einem der Eckfelder an der Decke der Sixtinischen Kapelle die Errettung der Juden durch Ester dargestellt. Links: Der König und Haman zu Gast bei Ester. Mitte: Kreuzigung Hamans. Rechts: Achaschwerosch läßt sich die Chronik des Tages bringen.

Abrahams Messer gerettet wurde. Kannst ihn auch nicht ertränken, denn du weißt, wie Mose aus dem Nil gezogen wurde, und nicht vor die Löwen werfen – denke an Daniel – und auch nicht steinigen – erinnere dich an Goljat. Du mußt ihn also erhängen!“ Ester gilt als eine der sieben Prophetinnen der Juden. Die andern waren: Sara, Mirjam, Debora, Hanna, Abigail und Hulda.

JOSEPHUS ERZÄHLT die Geschichte der Bibel sehr ausführlich und mit einigen Varianten. Der persische König ist hier nicht Xerxes, sondern dessen Sohn Artaxerxes, und Haman ist vor allem deshalb ein Feind der Juden, weil er ein Amalekiter ist, also Angehöriger eines Stammes, mit dem die Juden schon seit ihrem Auszug aus Ägypten immer wieder feindlich zusammengetroffen waren. Nachdem der König Waschti verstoßen hatte, läßt Mordechai nicht weniger als vierhundert Jungfrauen sechs Monate lang für den König vorbereiten. Darunter ist auch Ester. Jede Nacht muß eine von ihnen mit dem König schlafen, der aber alle verschmäht und zurückschickt – bis auf Ester. Als Ester schließlich vor den König tritt, erscheint er ihr so furchtbar und grimmig, daß sie besinnungslos in die Arme ihrer Dienerinnen fällt. Da verändert sich durch Gottes Fügung des Königs Gesinnung, er umarmt sie und spricht zärtlich mit ihr. Als dann Haman sein eigenes Leben bedroht sieht und Ester um Gnade fleht, wirft er sich auf ihr Lager. In diesem Augenblick tritt der König ein und ruft: „Oh, du verruchtester aller Menschen, willst du meiner Gattin Gewalt antun?“ Damit ist Hamans Schicksal besiegelt: Er wird an das Kreuz geschlagen, das er Mordechai zugedacht hatte.

Die Frau der Salbung

Matthäusevangelium: Kapitel 26, Vers 6–13
Lukasevangelium: Kapitel 7, Vers 36–50
Johannesevangelium: Kapitel 12, Vers 1–8

Als aber Jesus in Betanien war, im Hause Si-
mons des Aussätzigen, [7] trat eine Frau zu ihm
mit einem Alabastergefäß voll kostbaren Salböls
und goß es über sein Haupt aus, während er zu
Tische lag. [8] Als die Jünger das sahen, wurden sie
ärgerlich und sagten: „Wozu diese Verschwen-
dung? [9] Das hätte man doch teuer verkaufen und
den Armen geben können.“ [10] Als aber Jesus das
merkte, sprach er zu ihnen: „Was kränkt ihr diese
Frau? Sie hat doch eine gute Tat an mir getan.
[11] Denn Arme habt ihr ja allezeit bei euch, mich
aber habt ihr nicht allezeit. [12] Denn da sie dieses
Salböl über meinen Leib ausgoß, hat sie es für
mein Begräbnis getan. [13] Wahrlich, ich sage euch:
Wo immer auf der ganzen Welt diese Heilsbot-
schaft verkündet wird, da wird auch zu ihrem Ge-
dächtnis erzählt werden, was sie getan hat.“
7 [36] Es bat ihn aber ein Pharisäer, bei ihm zu
essen. Er ging in das Haus des Pharisäers und

In vielen Hochkulturen, besonders der jüdischen, wurde die Salbung des Hauptes zum Rechtsakt, nämlich beim Amtsantritt von Königen, Priestern und hohen Beamten. Die Salbung sollte durch magische Wirkung Heil und Kraft an den Gesalbten vermitteln.

setzte sich zu Tische. [37] Da erfuhr eine Frau, die in
der Stadt eine Sünderin war, daß er in dem Hause
des Pharisäers zu Tische liege; sie brachte ein Ala-
bastergefäß mit Salböl, [38] trat weinend von
rückwärts an seine Füße heran und begann mit ih-
ren Tränen seine Füße zu benetzen und trocknete
sie mit den Haaren ihres Hauptes, küßte seine
Füße und salbte sie mit dem Salböl.
[39] Als nun der Pharisäer, der ihn geladen hatte,
das sah, sagte er bei sich selbst: „Wenn der ein
Prophet wäre, so würde er doch wissen, wer und
was das für eine Frau ist, die ihn berührt, sie ist ja
eine Sünderin." [40] Und Jesus nahm das Wort und
sprach zu ihm: „Simon, ich habe dir etwas zu
sagen." Er erwiderte: „Meister, sprich!" [41] „Ein
Gläubiger hatte zwei Schuldner, der eine schuldete
fünfhundert Denare, der andere fünfzig. [42] Da sie
aber nicht bezahlen konnten, schenkte er es bei-
den. Welcher von ihnen wird ihn nun mehr lie-
ben?" [43] Simon antwortete: „Ich denke der, wel-
chem er mehr geschenkt hat." Er aber sprach zu
ihm: „Du hast recht geurteilt."
[44] Und sich zu der Frau hinwendend, sprach er
zu Simon: „Siehst du diese Frau? Ich kam in dein
Haus: Wasser für die Füße hast du mir nicht gege-
ben; diese aber hat mit ihren Tränen meine Füße
benetzt und mit ihren Haaren getrocknet. [45] Einen
Kuß hast du mir nicht gegeben; diese aber hat,
seitdem sie eingetreten ist, nicht aufgehört, meine
Füße zu küssen. [46] Mit Öl hast du mein Haupt
nicht gesalbt; sie aber hat mit Salböl meine Füße
gesalbt. [47] Deshalb sage ich dir: Ihre vielen Sünden
sind vergeben, weil sie viel geliebt hat; wem aber
wenig vergeben wird, liebt wenig." [48] Zu ihr aber
sprach er: „Deine Sünden sind dir vergeben."
[49] Da begannen die, welche mit zu Tische lagen,
bei sich zu sagen: „Wer ist dieser, der sogar Sünden
vergibt?" [50] Er aber sprach zu der Frau: „Dein
Glaube hat dich gerettet, geh hin in Frieden!"
12 [1] Sechs Tage vor dem Osterfest kam Jesus
nach Betanien, wo Lazarus war, den er
von den Toten auferweckt hatte. [2] Dort bereiteten
sie ihm ein Gastmahl, und Martha bediente. La-
zarus aber war auch unter denen, die mit ihm zu
Tische lagen. [3] Da nahm Maria ein Pfund kost-
baren echten Nardenöles, salbte die Füße Jesu und
trocknete seine Füße mit ihren Haaren. Das Haus
aber wurde erfüllt vom Duft des Salböles. [4] Judas
Iskariot aber, einer von seinen Jüngern, derselbe,
der ihn verraten sollte, sagt: [5] „Warum hat man
dieses Öl nicht für dreihundert Denare verkauft
und (sie) den Armen gegeben?" [6] Das sagte er aber
nicht, weil ihm etwas an den Armen lag, sondern
weil er ein Dieb war und als Verwalter der Kasse
deren Einlagen unterschlug. [7] Da sprach Jesus:
„Laß sie. Sie sollte es für den Tag meines Begräb-
nisses aufbewahren. [8] Denn die Armen habt ihr
allezeit unter euch, mich aber habt ihr nicht alle-
zeit."

Folgende Doppelseite: Während eines Gelages bei Simon salbt Maria Magdalena die Füße von Jesus. Fresko in der Basilika des 11. Jahrhunderts in Sant'Angelo in Formis.

Links: Im oberen, unbeweglichen Teil des Flügelaltars von Lukas Moser, dem sogenannten Magdalenenaltar in der Pfarrkirche von Tiefenbronn, entstanden 1431, sieht man, wie Maria Magdalena Jesus mit ihren Tränen die Füße wäscht.

Die salbende Frau: namenlos und unvergessen

Dorothee Sölle

Die Geschichte von der Frau, die Jesus kurz vor seinem Tod mit kostbarstem Öl gesalbt hat, enthält ein Paradox, das in gewissem Sinn typisch ist für die Rolle der Frauen in der abendländischen religiösen Tradition. Jesus ist tief berührt von dem, was die Frau in Betanien getan hat, und spricht die großen, nachdenklichen Worte: „Wahrlich, ich sage euch: Wo immer auf der ganzen Welt die Heilsbotschaft verkündigt wird, da wird auch zu ihrem Gedächtnis erzählt werden, was sie getan hat“ (Mt 26,13). Aber dieselbe Frau, deren Gedächtnis in die Mitte des Evangeliums gehört, hat in der Überlieferung nicht einmal einen Namen. Wie soll man da ihrer gedenken? Nicht einmal der feierliche Auftrag Jesu konnte ihre Namenlosigkeit verhindern. Sie verblaßt hinter den vielen Männernamen wie so manches, was vom Stifter der christlichen Religion intendiert war, aber in der Wirkungsgeschichte des Evangeliums zurücktrat und sich anderen Prioritäten der Männerwelt unterordnen mußte.

Daran ändern auch die sehr unterschiedlichen Versionen, die die vier Evangelisten von der Salbung Jesu durch eine Frau geben, nicht viel. Lukas geht davon aus, daß die Frau eine Prostituierte ist, und legt den Akzent der Geschichte auf die Vergebung der Sünden, die sie erfährt. Davon ist in der ursprünglichen Version, der ich hier folge, nicht die Rede. Daß die Geschichte etwas Anrüchiges, Skandalträchtiges hat, ist allerdings allen Varianten gemein, sie handelt in jedem Fall von einem Verstoß gegen Herkommen, Sitte und Tabu.

Auf einer Miniatur im Codex Egberti, fol. 65v, salbt Maria, die Schwester von Lazarus und Martha, die Füße Jesu.
Stadtbibliothek, Trier.

Der Schauplatz ist das Haus Simons in Betanien, ein Dorf, das nur durch ein Tal von Jerusalem getrennt ist. Eine Frau tritt ein und geht zum Tisch, wo Jesus zum Essen eingeladen ist. Aus dem Kreis der zu Gastmählern Eingeladenen sind Frauen im allgemeinen ausgeschlossen, höchstens als Gastgeberin könnte sie dort erscheinen. Aber sie geht mitten hinein in die Männerrunde. Im Hause eines Aussätzigen sind auch Berührungen tabuiert. Aber sie stellt sich mit ihrer Geste in die körperliche Nähe zu dem, der dem Tod geweiht ist. Sie spricht kein Wort, sondern handelt. Wortlos durchbricht sie mehrere Tabus. Als beträte sie einen dieser „Men only“-Klubs, als gälten die Vorsichtsmaßnahmen gegenüber Aidskranken für sie nicht. Und als gäbe es die jahrhundertealten Warnungen vor der überflüssigen Putz- und Vergnügungssucht der Frauen in ihrer Welt nicht!

Sie zerbricht eine Alabasterflasche mit Parfüm und gießt das Öl auf Jesu Haupt. Es ist ein Luxusöl, das in die Häuser der Reichen und die Paläste der Könige gehört, aber nicht in dieses einfache Haus eines jüdischen Mannes. Der Wert dieses Luxusgutes wird mit 300 Denaren angegeben, das war soviel wie der Jahreslohn eines Landarbeiters, wenn er das Glück hatte, 300mal im Jahr Arbeit zu finden. Aber das alles kümmerte sie nicht, sie verschenkt alles, was sie hat. Sie erträgt auch die Empörung der anderen eingeladenen Gäste, die sie grob anfahren und zurückzuscheuchen versuchen. Sie beachtet sie gar nicht, sie ist ganz in dem, was sie tut.

Die Exegeten haben verschiedene Deutungen für dieses tatsächlich extreme Verhalten der Frau gefunden. Viele haben sich an der Kontroverse von Armenfürsorge oder Luxus für Jesus festgebissen und die Tat der Frau darüber vergessen. Sie haben sich ähnlich wie die etwas spießig wirkenden Jünger verhalten und ihr Unbehagen an dieser Frauengeschichte kaum versteckt. Andere haben in dem Ausgießen des Öls auf den Kopf einen Hinweis auf die Propheten gesehen, die früher die Könige Israels gesalbt haben. Aber Jesus steht vor seiner Hinrichtung, bald wird niemand ihm den „König der Juden“ mehr glauben. Trotzdem

behandelt die Frau ihn wie einen König. Sie schmückt den Leib dessen, der bald als der Allerverachtetste zu Tode gefoltert werden wird. Tut sie ihm diesen Liebesdienst, weil sie ahnt, was geschehen wird? Vielleicht weiß sie es besser als die männlichen Jünger, die von Leiden und Sterben nichts hören wollen.

Es gibt eine alte Kritik am Christentum, die von der Antike über Nietzsche bis zum heutigen Tag ähnlich lautet, daß es nämlich leibfeindlich, asketisch, karg und unsinnlich sei. Ein römischer Schriftsteller, Minucius Felix, polemisiert gegen den christlichen Lebensstil und verspottet die Christen als „pallidi trepidi", schlotternde Bleichgesichter. „Ihr bekränzt nicht mit Blumen euer Haupt, gönnt dem Leib keine Wohlgerüche. Ihr spart Salben auf für die Leichname, versagt aber dafür den Gräbern die Blumenkränze, ihr schlotternden Bleichgesichter ... So ersteht ihr Armen weder *nach* dem Tode, noch lebt ihr *vor* demselben."

Die namenlose Frau aus Betanien ist eine wunderbare Widerlegung dieses tiefsitzenden Verdachts. Sie repräsentiert die andere, die verborgene Geschichte. Sie hat das Leben Jesu im Angesicht des Todes gefeiert, sie hat ihre Liebe zu ihm wortlos ausgedrückt und zugleich ein Zeichen für die Kostbarkeit des Lebens gesetzt, wie man es sich sinnlicher, freudiger, bedenkenloser kaum denken kann.

Die Mystiker haben ein solches zweckfreies gesammeltes Handeln, in dem Sein und Wirken eins sind und die Frage „Wie sieht das denn aus, was ich tue?" ganz verstummt, mit einem schönen Wort benannt. Sie nennen es den Zustand des „sunder warumbe", des Ohne-Warum-Seins. In diesem glücklichen und selbstvergessenen Zustand fragt ein Mensch all die normalen Fragen, mit denen wir unser Leben trivial machen, nicht mehr. Die Frau in Betanien hat sich nicht gefragt, was es kostet, was es einbringt, wie es wirkt und ob es ihr nicht schaden könnte. Sie muß genau diese Grenze von Vorsichtsmaßnahmen und Versicherungsdenken, von Berechnung und Selbsteinschätzung, von Instrumentalisierung des ganzen Lebens im Dienste des Zweckrationalismus hinter sich gelassen haben. Sie hat, ähnlich wie im Gleichnis vom Scherflein der armen Witwe, alles gegeben, was sie war, ein acte gratuit einer namenlosen und doch unvergessenen Frau.

Auf dem Flügel eines Altares von Nicolas Froment (um 1430–1483/86?), gemalt 1461, salbt eine Frau bei einem in Betanien stattfindenden Gastmahl Jesus mit kostbarer Salbe die Füße.
Galleria degli Uffizi, Florenz.

In ihrer Darstellung einer der schönsten und berühmtesten Szenen des Neuen Testaments gehen die Evangelisten recht weit auseinander. Matthäus und Markus stimmen fast wörtlich überein, wobei sich Matthäus offensichtlich auf den älteren Markus stützt. Bei ihnen spielt sich die Szene im Hause Simons des Aussätzigen ab, und die Frau, die hinzukommt, gießt das kostbare Öl auf Jesu Haupt. Bei Lukas findet sie im Hause eines Pharisäers statt; da ihn Jesus aber später mit „Simon" anspricht, muß es sich wohl um dieselbe Person wie bei den beiden andern Evangelisten handeln. Aber Lukas nennt die Frau eine Sünderin. Davon ist – ähnlich wie bei Matthäus und Markus – auch bei Johannes nicht die Rede. Bei Johannes spielt sich die Szene aber im Hause der Schwestern Maria und Martha ab, und Maria ist es, die Jesus salbt. Sowohl bei Lukas wie bei Johannes handelt es sich um eine Salbung der Füße, nicht des Hauptes.

In Israel ist der Gesalbte der königliche Beauftragte Jahwes. Das Wort „Messias", abgeleitet vom hebräischen Hammaschiacha und dem aramäischen Meschiacha, bedeutet „Gesalbter". Die Salbung wurde später auch im Abendland üblich: Deutsche Könige wurden seit 751, dem Regierungsantritt Pippins des Kleinen, des Vaters Karls des Großen, gesalbt und byzantinische Kaiser

Antike und mittelalterliche Quellen

Joe H. Kirchberger

etwa seit dem Jahre 1000. Der so Geweihte wurde zum Christus Domini, dem Gesalbten des Herrn – denn auch das griechische Wort „Christos" bedeutet ja „Gesalbter".

Bei allen diesen Weihehandlungen handelte es sich um die Salbung des Hauptes. Die Fußwaschung war hingegen ein besonderer Akt der Gastfreundschaft. So wirft Lukas dem Gastgeber von Jesus vor, daß er ihm kein Wasser für seine Füße gegeben hätte. Es ist durchaus denkbar, daß bei Matthäus und Markus, bewußt oder unbewußt, die Frau Jesus durch die Salbung des Hauptes zum König der Juden krönen wollte. Jesus aber deutete die Salbung um als Vorbereitung zu seiner bevorstehenden Grablegung.

Nach einigen Interpreten ist die Darstellung von Lukas insofern unwahrscheinlich, als ein Pharisäer keine „Sünderin", also offenbar eine Hure, in sein Haus gelassen haben würde. Die Pharisäer waren eine besonders strenge Religionspartei, die die genaue Befolgung der mosaischen Gesetze betonten. Andere Ausleger haben wiederum vermutet, daß der Pharisäer die Sünderin einlud, um die prophetischen Gaben von Jesus zu prüfen.

Jesu berühmtes Wort „Denn Arme habt ihr ja allezeit bei euch; mich aber habt ihr nicht allezeit" hat Anlaß zu vielen Diskussionen gegeben. Manche haben darin eine Gleichgültigkeit von seiten Jesu gegenüber der Armut als einem notwendigen Übel, dem nicht abzuhelfen sei, sehen wollen. Dem stehen aber natürlich viele andere Worte und Taten Jesu entgegen; man muß auch bedenken, daß Jesus in dieser Situation seinen unmittelbar bevorstehenden Tod vor Augen hatte und ihn seinen Jüngern andeuten wollte.

Oben: Eine Frau salbt Jesus die Füße. Als Judas murrt, die Frau hätte das kostbare Öl besser verkauft und das Geld an die Armen verteilt, sagt Jesus: „Sie hat es für den Tag meines Begräbnisses getan. Arme wird es immer bei euch geben, aber mich habt ihr nicht mehr lange bei euch." Manuskript 139/1363, fol. 15f aus dem Miroir de l'Humaine Salvation, 15. Jahrhundert. Musée Condé, Chantilly.

Gegenüber: Im Hause des Simon benetzt eine Frau mit ihren Tränen Jesu Füße, trocknet sie mit ihren Haaren und gießt dann Salböl darüber. Ausschnitt einer Miniatur von Jean Fouquet (1420–1481) aus dem Stundenbuch des Etienne Chevalier, Manuskript fr. 71, fol. 37. Musée Condé, Chantilly.

Die in diesem und den folgenden beiden Kapiteln behandelten Frauen, die alle mit Jesus in enge Verbindung traten, werden, zumindest in den ersten drei Evangelien, klar voneinander getrennt. Aber schon bei Johannes (12, 1–8) wird die „Frau der Salbung" mit Maria, der Schwester Marthas, gleichgesetzt, und in der frühmittelalterlichen Legende, spätestens seit Gregor dem Großen (um 600), ist ein Einheitsbild entstanden, das sich aus Maria Magdalena, Maria aus Betanien, d. h. der Schwester der Martha und des Lazarus, und der – in der Bibel ungenannt gebliebenen – Frau der Salbung zusammensetzt.

Ein Teil der Unklarheiten ergibt sich aus der Tatsache, daß zwei der Frauen Maria heißen, zu denen natürlich noch mehrere andere Frauen gleichen Namens kommen: nicht nur die Mutter Gottes, sondern auch die in der Bibel nicht genannte Maria aus Ägypten (Maria Aegyptiaca), die wahrscheinlich historisch ist und nach einem sündigen Lebenswandel in Alexandrien 47 Jahre lang ein Büßerleben in der Syrischen Wüste, östlich des Jordans, geführt haben soll; und schließlich Maria, die Mutter des Jakobus.

Maria und Martha

Lukasevangelium: Kapitel 10, Vers 38–42
Johannesevangelium: Kapitel 11, Vers 1–45

Bei Maria und Martha tritt uns, nach den Töchtern Lots und Rachel und Lea, das dritte Schwesternpaar der Bibel entgegen. Ähnlich wie Rachel und Lea sind auch Maria und Martha von sehr verschiedenem Charakter: Martha ist die nach außen Gewandte, Geschäftige, Maria die nach innen Gewandte, auf ihr Seelenheil Bedachte.

Gegenüber: Maria ist so im Gespräch mit Jesus vertieft, daß sie ihre Schwester Martha gar nicht bemerkt, die sie wohl bittet, ihr bei den Vorbereitungen zum Gastmahl zu helfen. Gemälde von Jacopo Tintoretto (1518–1594). Alte Pinakothek, München.

Es begab sich aber, als sie weiterwanderten,
kam er in ein Dorf. Eine Frau namens Martha
nahm ihn in ihr Haus auf. Sie hatte eine Schwester
namens Maria. 39 Diese setzte sich zu Füßen des
Herrn und lauschte seinem Wort. 40 Martha aber
war durch vielerlei Dienste beansprucht; sie trat
hinzu und sagte: „Herr, macht es dir nichts, daß
meine Schwester die Bedienung mir allein über-
läßt? Sag ihr doch, daß sie mir helfen soll."
41 Doch der Herr antwortete ihr und sprach:
„Martha, Martha, du sorgst und beunruhigst dich
um viele Dinge. 42 Doch weniges ist notwendig,
nur eines. Maria hat den guten Teil erwählt, der
wird ihr nicht genommen werden."

11 1 Nun war da ein Kranker, Lazarus von
Betanien, aus dem Dorfe der Maria und
ihrer Schwester Martha. 2 Maria aber war es, die
den Herrn mit Balsam gesalbt und seine Füße mit
ihren Haaren getrocknet hatte. Deren Bruder La-
zarus war krank. 3 Die Schwestern schickten also
zu ihm und ließen sagen: „Herr, der, den du lieb-
hast, ist krank." 4 Als Jesus das hörte, sagte er:
„Diese Krankheit ist nicht zum Tode, sondern um
der Herrlichkeit Gottes willen, damit der Sohn
Gottes durch sie verherrlicht werde."
5 Jesus liebte aber Martha und ihre Schwester
und Lazarus. 6 Als er nun hörte, daß er krank sei,
blieb er noch zwei Tage an dem Ort, wo er war.
7 Dann erst sagte er zu den Jüngern: „Wir wollen
wieder nach Judäa gehen." 8 Die Jünger sagten zu
ihm: „Rabbi, eben erst suchten dich die Juden zu
steinigen, und du gehst wieder dorthin?" 9 Jesus
antwortete: „Hat der Tag nicht zwölf Stunden?
Wenn einer bei Tage umhergeht, stößt er sich
nicht, weil er das Licht der Welt sieht. 10 Wenn
aber einer bei Nacht umhergeht, stößt er sich, weil
das Licht nicht bei ihm ist." 11 So sprach er. Und
darauf sagt er zu ihnen: „Unser Freund Lazarus
schläft. Aber ich gehe hin, ihn aufzuwecken."
12 Da sprachen die Jünger zu ihm: „Herr, wenn er
schläft, wird er gesund werden." 13 Jesus hatte
aber von seinem Tode gesprochen. Jene aber
meinten, er rede von der Ruhe des Schlafes. 14 Da
sprach nun Jesus offen zu ihnen: „Lazarus ist
gestorben. 15 Und ich freue mich für euch, daß ich
nicht dort war, damit ihr glaubet. Aber jetzt wol-
len wir zu ihm gehen." 16 Da sagte Thomas, der
Didymus heißt, zu seinen Mitjüngern: „Also,
gehen auch wir hin, um mit ihm zu sterben."
17 Bei seiner Ankunft fand ihn Jesus schon vier
Tage begraben. 18 Betanien lag aber nahe bei Jeru-
salem, etwa fünfzehn Stadien. 19 Viele von den
Juden aber waren zu Martha und Maria gekom-
men, um sie über ihren Bruder zu trösten. 20 Als
nun Martha hörte, daß Jesus komme, ging sie ihm
entgegen. Maria aber blieb im Hause sitzen. 21 Da

IACOBVS TINTORETVS F.

sprach Martha zu Jesus: „Wenn du hier gewesen
wärest, wäre mein Bruder nicht gestorben. 22 Aber
auch jetzt weiß ich, daß dir Gott alles gewähren
wird, um was du ihn bittest.“ 23 Jesus sagt zu ihr:
„Dein Bruder wird auferstehen.“ 24 Martha sagt
zu ihm: „Ich weiß, daß er auferstehen wird bei der
Auferstehung am Jüngsten Tage.“ 25 Jesus sprach
zu ihr: „Ich bin die Auferstehung. Wer an mich
glaubt, wird leben, auch wenn er stirbt. 26 Und
jeder, der lebt und an mich glaubt, wird in Ewig-
keit nicht sterben. Glaubst du das?“ 27 Sie sagt zu
ihm: „Ja, Herr, ich habe den Glauben, daß du der
Messias bist, der Sohn Gottes, der in die Welt
kommen soll.“ 28 Nach diesen Worten ging sie und
rief ihre Schwester Maria, indem sie leise zu ihr
sagte: „Der Meister ist da und ruft dich.“ 29 Sobald
sie das gehört hatte, stand sie geschwind auf und
ging zu ihm. 30 Jesus aber war noch nicht in das
Dorf gekommen, sondern befand sich noch an der
Stelle, wo Martha ihn getroffen hatte. 31 Als nun
die Juden, die bei ihr im Hause waren und sie
trösteten, Maria so geschwind aufstehen und
hinausgehen sahen, folgten sie ihr in der Meinung,
sie ginge an das Grab, um dort zu weinen. 32 So-
bald nun Maria dahin kam, wo Jesus weilte, und
ihn sah, fiel sie ihm zu Füßen mit den Worten:
„Herr, wärest du hier gewesen, dann wäre mein
Bruder nicht gestorben.“ 33 Als Jesus nun sah, wie
sie weinte und wie die mit ihr gekommenen Juden
weinten, ergrimmte er im Geist und geriet in Erre-
gung 34 und sagte: „Wo habt ihr ihn hingelegt?“
Sie sagen zu ihm: „Herr, komm und sieh.“ 35 Da
weinte Jesus. 36 Hierauf sagten die Juden: „Seht,
wie lieb er ihn hatte.“ 37 Einige aber von ihnen
sagten: „Konnte er, der die Augen des Blinden
geöffnet hat, nicht auch bewirken, daß dieser nicht
starb?“ 38 Jesus ergrimmt nun wiederum in seinem
Innern und kommt zum Grabe. Es war eine Höhle,
und ein Stein lag davor. 39 Jesus sagt: „Hebt den
Stein weg.“ Martha sagt zu ihm: „Herr, er riecht
schon. Er ist schon vier Tage tot.“ 40 Jesus sagt zu
ihr: „Habe ich dir nicht gesagt, daß du die Herr-
lichkeit Gottes sehen wirst, wenn du glaubst?“
41 Nun hoben sie den Stein weg, Jesus aber erhob
seine Augen und sprach: „Vater, ich danke dir, daß
du mich erhört hast. 42 Ich wußte ja, daß du mich
allezeit erhörst. Aber wegen des ringsum stehen-
den Volkes habe ich es gesagt, damit sie glauben,
daß du mich gesandt hast.“ 43 Und nach diesen
Worten rief er mit lauter Stimme: „Lazarus, komm
heraus!“ 44 Da kam der Tote heraus, Füße und
Hände in Binden gewickelt, und sein Gesicht war
mit einem Schweißtuch umbunden. Jesus sagt zu
ihnen: „Bindet ihn los und laßt ihn gehen.“
45 Viele nun von den Juden, die (...) gesehen
hatten, was er getan, glaubten an ihn.

„Herr, wärest du hier gewesen, dann wäre mein Bruder nicht gestorben."

Johannes 11,32

Vorhergehende Seite: Jesus bei Martha und Maria. Flämisches Gemälde in der Kirche Saint-Gervais, Paris.

Rechts: Auf dem linken Flügel des Lazarus-Triptychons von Nicolas Froment (um 1435 bis 1484) kniet Martha vor Jesus und sagt: „Wenn du bei uns gewesen wärst, hätte mein Bruder nicht sterben müssen."
Galleria degli Uffizi, Florenz.

Die Einheit von Handeln und Träumen

Dorothee Sölle

Als ich die Geschichte von Maria und Martha wieder las, erinnerte ich mich an meine Kindheit. In unserer evangelischen Kirche in einem Vorort von Köln gab es ein Glasfenster mit der Inschrift: „Eins aber ist not!“ Selbstversunken, schmalgliedrig und zart saß Maria zu Jesu Füßen. An den Tisch gelehnt, breitbeinig, einen Rührtopf in der Hand, stand Martha dabei, eine Hand vorwurfsvoll erhoben. „Herr, stört es dich nicht, daß meine Schwester mich da so allein arbeiten läßt?“ (Lk 10,40). Ich erinnere mich, daß ich die Geschichte nicht leiden konnte.

Die abendländische Tradition hat diese beiden Frauengestalten als Typen für das kontemplative und das aktive Leben angesehen. Beschaulichkeit und Wirksamkeit, das ruhige Hören des Wortes und die rastlose Sorge um die alltäglichen Nöte des Leibes, die *vita contemplativa* und die *vita activa*, wurden aber nicht nur einander gegenübergestellt, sondern in eine eher von Aristoteles als vom jüdischen Denken geprägte Rangordnung eingeordnet. Das kontemplative Leben gilt als höherwertig, es ist geistiger und wesentlicher, das tätig-praktische Leben ist notwendig, aber untergeordnet. Maria hat sich „den guten Teil erwählt“ (Lk 10,42). Martha wird in dieser Tradition als nützlich, aber etwas beschränkt und eng angesehen. Zu den Grundlagen des abendländischen Denkens gehört es, „reine“ Theorie als erhaben über die bloße Praxis anzusehen; sie verhalten sich wie Kopf- und Handarbeit. Die Reformation hat zwar die Kontemplation beschaulicher Klosterinsassen zugunsten des bürgerlichen praktischen Handelns zurückgedrängt, die Gestalt der Martha aber, der tätigen realistischen Frau, noch weiter herabgewürdigt. Luther sagte: „Martha, dein Werk muß bestraft und für nichts geachtet werden … Ich will kein Werk haben denn das Werk Marias, das ist der Glaube.“

Gegen die Übermacht dieser spiritualisierenden und antijüdischen Auslegungstradition für Maria und zuungunsten Marthas hat nicht die Reformation, sondern eine ganz andere Seite Einspruch erhoben: die Mystiker. In einer radikalen Neu-Interpretation hat Meister Eckhart in seiner Predigt (28) die noch unfertige Maria an den Anfang des geistlichen Lebens gerückt und der reifen Martha aufgrund ihrer Erfahrung eine größere Nähe zu dem, was not tut, zugesprochen. „Martha fürchtete, daß ihre Schwester im Wohlgefühl und in der Süße steckenbliebe.“ Martha wünscht sich, daß Maria wird wie sie selbst. Und, führt Eckhart in einer genialen christlichen, nicht klerikalen, den Geist der aufblühenden Frauenbewegung des späten Mittelalters spiegelnden Neudeutung (relecture) fort: „Deshalb sprach Christus und meinte: Sei beruhigt, Martha, auch sie hat den besten Teil erwählt. Dies hier wird sich bei ihr verlieren. Das Höchste, das wird ihr zuteil werden: Sie wird selig werden wie du!“[1]

Frauen, die sich heute bewußt auf die christliche Tradition einlassen, sind dabei zu lernen, zwischen den unterdrückerischen frauenfeindlichen und den befreienden Zügen dieser Tradition zu unterscheiden. Für unsere Geschichte bedeutet das, zwei Schritte zu tun. Den ersten nenne ich: Martha wiederentdecken, den zweiten: Maria und Martha zusammenbekommen! Wir müssen Martha nicht nur „verstehen“, sondern sie aufwerten, ihre Stärke wahrnehmen, ihre Kraft uns zu eigen machen, sie nicht nur von Lukas 10 her zu sehen, sondern Johannes 11, die Geschichte von der Auferweckung des Lazarus, dazuzunehmen, eine Geschichte, in der Martha die Handelnde ist, die mit Jesus rechtet wie Ijob mit Gott. Sie ist die realistisch Handelnde, die weiß, daß ihr Bruder nach vier Tagen im Grab schon stinkt, und sie ist die theologisch Denkende, die das Bekenntnis zu Christus ausspricht: „Herr, ja, ich glaube, daß du bist Christus, der Sohn Gottes, der in die Welt gekommen ist“ (Joh 11,27) – wie sonst nur Petrus. Diese Christin zu entdecken[2], hilft uns, die Hierarchie zu entmächtigen, auch die, die sich in uns selbst eingenistet hat. Hierarchie als die garantierte Herrschaft, die sich nicht zu begründen braucht, die Überlegenheit und Privilegien verleiht, ist immer gegen die tiefsten Interessen der Frauen gerichtet, auch wenn sie, wie in diesem Maria-Martha-Modell, unter Frauen selbst auftaucht. Das hierarchische Denken unterstützt immer die Frauenverachtung, die Lächerlichmachung oder Trivialisierung der Frauen – und ich glaube, das habe ich als kleines Mädchen gespürt. Martha tat mir leid, und sie war mir peinlich. Daß Frauen so sein können wie das Martha-Klischee, das ich ererbt hatte, schmerzte und störte mich.

Martha wieder entdecken – die starke, die selbstbewußte, nüchterne, klare Frau lieben lernen –, das hilft mir. In der Lazarusgeschichte wird auch erzählt, wie verschieden die beiden Schwe-

stern auf den Tod ihres Bruders reagieren. Maria wirft sich weinend Jesus zu Füßen; Martha rechtet mit ihm, der ganz in der Nähe war und ohne Mühe eher kommen konnte! Sie ist vorlaut, gibt nicht klein bei, und sie ist es, die, ein weiblicher Petrus, die Wahrheit sagt. Kein Zufall, daß sie später als Drachentöterin dargestellt wird,

Mit der Wiederentdeckung der häßlich gemachten Martha ist auch der andere notwendige Schritt der Auslegung verbunden, der für Frauen und Männer heute von äußerster Wichtigkeit ist: Wir müssen nicht wählen zwischen der Kontemplation und dem Handeln. Niemand hat das Recht, uns diese Wahl aufzuzwingen. Wir müssen die Welt nicht in Macher und Träumer, in die sanfte, lauschende, sich hingebende Maria auf der einen Seite und die pragmatische, handlungsstarke Martha aufteilen. Wir brauchen beide, Maria und Martha, wir sind in der Tat diese beiden Schwestern. Teresa von Ávila, die der mystischen Auslegungstradition folgt und die sich abkapselnde Kontemplation verwirft, sagt: „Glaubt mir, Martha und Maria müssen beisammen sein, um den Herrn beherbergen zu können und ihn immer bei sich behalten zu können, sonst wird er schlecht bewirtet sein und ohne Speise bleiben. Wie hätte Maria, die immer zu seinen Füßen saß, ihm etwas zu essen gegeben, wenn die Schwester ihr nicht beigesprungen wäre? Seine Speise aber ist, daß wir auf jede Weise Seelen sammeln, damit sie errettet werden und ihn loben in Ewigkeit."[3] Nur beide Schwestern zusammen können Christus „beherbergen", so daß er einen Ort auf der Welt hätte.

Es gibt heute in der reichen Welt ein großes Verlangen nach Spiritualität, nach Versenkung, nach Kontemplation und Mystik. Maria kann zum Sinnbild dieser halben, noch unreifen Spiritualität werden. Viele junge Menschen verzweifeln an den Handlungsmöglichkeiten in unserer Welt, sie sehen die Bäume sterben und die Kinder der Armen verhungern und ziehen sich in eine Innerlichkeit zurück, vor der die Mystiker gewarnt haben. Eckhart sagt über die Maria, daß sie damals, als sie zu Füßen Christi saß, „noch nicht Maria hieß. Denn sie saß noch im Wohlgefühl und süßer Empfindung und war in die Schule genommen und lernte erst leben. Martha aber stand ganz wesenhaft da."

An diese Unterscheidung muß ich denken, wenn ich die starken Frauen meiner Generation sehe, die unbeirrt handeln und gegen die uns beherrschenden Drachen kämpfen. Sie haben, klar und unmißverständlich mit den Rassisten in Südafrika gebrochen, sie stehen vor den Großmärkten und reden mit den Leuten im kleinen Geschäft an der Ecke, sie besuchen die Bankdirektoren, sie sagen laut und unmißverständlich, was sie denken. In diesen Gruppen von Frauen, die den Boykott „Kauft keine Früchte der Apartheid" seit Jahren organisieren, sehe ich viele Marthas zusammen, genauso bei den Frauen, die den andern größten Drachen, der im Pentagon wohnt, umzingelt haben und anfangen, Widerstand zu leisten. Das ist die Martha, die Meister Eckhart gesehen hat, die das Volk in Südfrankreich als Drachentöterin dargestellt hat, die nach einer anderen Volkserzählung mit ihrer Schwester Maria übers Meer fuhr, um zu lehren und zu predigen. Wenn unsere Kirchen eines Tages Christus „beherbergen" und ihm Speise geben, dann werden solche Frauen Bischöfe und Lehrerinnen der Kirche sein. Die Martha in mir soll die Maria nicht verdrängen. Aus jeder Frau soll das junge Mädchen, das sie einmal war, hervorschauen. Aber auf das Entweder-Oder wollen sich die besten Frauen, die ich kenne, nun nicht mehr einlassen.

Es ist klar, daß Maria und Martha in der Bibel auch ein Tochter-Mutter-Problem ausdrücken. Aber die Bibel macht aus Töchtern und Müttern Schwestern, und die Legende läßt sie beide mit den Jüngern Jesu übers Meer fahren und lehren und predigen, so daß sie handeln und träumen, das Gerechte tun und beten, lutte et contemplation zusammenbekommen in ihrem Leben – und die Welt schwesterlicher wird.

Gegenüber: Auferweckung des Lazarus. Gemälde von Rembrandt van Rijn (1606–1669).
County Museum of Art, Los Angeles.

Folgende Doppelseite: Von Pieter Aertsen (1508 bis 1575) gibt es eine Anzahl Genrebilder, in deren Hintergrund klein eine biblische Szene eingeblendet ist. Hier handelt es sich im Vordergrund um die Vorbereitung zu einem üppigen Festmahl im Hause des Lazarus, während im Hintergrund eine kleine Menschengruppe Jesu Worten lauscht.
Museum Boymans-van Beuningen, Rotterdam.

Anmerkungen

[1] *Meister Eckhart,* Deutsche Predigten und Traktate, München 1969, 286.

[2] *E. Moltmann-Wendel,* Ein eigener Mensch werden, Trauer um Jesus, Gütersloh 1980.

[3] *J. Sudbrack,* Erfahrung einer Liebe, Teresa von Ávilas Mystik als Begegnung mit Gott, Freiburg 1979.

Der Name „Martha“ stammt aus dem Aramäischen, also der semitischen Verkehrssprache in Vorderasien zur Zeit Christi, und bedeutet „Herrin“. Dagegen ist der Name „Maria“, auf hebräisch „Miriam“, der im Neuen Testament immer wieder erscheint und seitdem einer der populärsten weiblichen Vornamen geblieben ist, nicht eindeutig zu erklären. Nach dem jüdisch-hellenistischen Philosophen Philo von Alexandria bedeutet er „Hoffnung“. Nach anderen bedeutet er „widerspenstig“ von „mara“ – widerstreben oder auch Bitterkeit oder „wohlbeleibt“ (= schön). Man hat sogar versucht, ihn vom ägyptischen mr (lieben) – jam (= Jahwe?) abzuleiten.

Die Geschichte der Erweckung des Lazarus und damit die Gestalten seiner Schwestern Maria und Martha war allen Kirchenvätern der frühen christlichen Jahrhunderte bekannt. Besondere Bedeutung erhielt die sogenannte Evangelienharmonie des Tatian, die schon um 830 in Fulda auf Veranlassung des Abtes Hrabanus Maurus aus dem Lateinischen ins Althochdeutsche übertragen wurde. Tatian war ein syrischer Apologet des 2. Jahrhunderts, ein Verteidiger des Christentums gegen die Angriffe der damals vorherrschenden hellenistischen Philosophie, einer der Begründer einer wissenschaftlichen christlichen Theologie. Auch in dem etwa gleichzeitig entstandenen alt-

Antike und mittelalterliche Quellen

Joe H. Kirchberger

Oben: Im Stundenbuch der Katharina von Kleve, erste Hälfte 15. Jahrhundert, ist im Teil der Bittgebete auf einer Miniatur die heilige Martha mit Löffel und Kochkessel als tüchtige Hausfrau dargestellt.
Pierpont Morgan Library, New York.

Gegenüber: Maria, schön gewandet, lauscht den Worten Jesu, hinter dem zwei seiner Jünger stehen. Zwischen Jesus und Maria tritt Martha ins Zimmer, den Kopf freundlich Jesus zugewendet, den sie im nächsten Augenblick bitten wird, Maria zu tadeln, weil sie ihr nicht beim Bereiten des Gastmahles hilft. Die Gewänder der beiden Frauen und die Einrichtung des Zimmers lassen erkennen, daß Lazarus und seine Schwestern gut begütert sind.
Gemälde von Jacob Jordaens (1593–1678).
Musée des Beaux-Arts, Lille.

sächsischen „Heliand“, der das Leben Jesu zwar nach den Evangelien, aber als eine Art Volkskönig schildert, werden Lazarus und die Schwestern erwähnt wie auch in dem wenig später verfaßten Evangelienbuch des Otfried von Weißenburg (Elsaß). In diesen frühmittelalterlichen Werken wird an dem in den Evangelien vermittelten Bild Marias und Marthas nichts Wesentliches geändert. Aber schon in dem unvollständig erhaltenen „Rheinauer Paulus“, das im Kloster Rheinau bei Schaffhausen am Anfang des 12. Jahrhunderts entstand, und in dem etwa gleichzeitigen sogenannten St. Trudperter Hohenlied werden ihre Charaktere weiter entwickelt: Sie erscheinen einmal als bittendes Schwesternpaar, ein andermal als Sinnbild des geistlichen (Maria) und weltlichen (Martha) Lebens.

Völlig neue Züge bringt die Legenda Aurea des Jacobus de Voragine, Erzbischofs von Genua. Es ist die bedeutendste Legendensammlung des Mittelalters, die um 1270 niedergeschrieben wurde. Nach ihm entstammt Martha einem syrischen Königshaus. Vor allem aber erzählt er die Geschichte der Schwestern nach der Auferstehung Christi, als seine Anhänger unter den Verfolgungen der Juden zu leiden hatten. Da wurden drei heilige Männer und drei heilige Frauen in ein Schiff ohne Segel, Steuer oder Ruder gesetzt: nämlich Maria und Martha, Marcilla, ihre Magd, ferner Lazarus, Maximinus – der die Geschwister getauft hatte – und Cedon, ein Blinder, den Jesus geheilt hatte. Alle wurden wunderbar über das Meer gebracht und landeten in Frankreich an der Stelle, wo jetzt die Stadt Marseille steht. Dort flüchteten sie sich in die Vorhalle eines heidnischen Tempels. Lazarus wurde später der erste

Bischof von Marseille, während Martha ein Kloster von frommen Jungfrauen gründete und noch dreißig Jahre in strengster Buße und Betrachtung gelebt haben soll.

Nach Legenden des 14. Jahrhunderts soll Martha auch die sündige Maria Magdalena zum Christentum bekehrt haben; dieses Motiv ist in mehrere deutsche und holländische Passionsspiele eingegangen. Weitere spätmittelalterliche Legenden sehen in Martha die Frau Simons. Auch soll sie in Tarascon, Südfrankreich, einen Drachen bezwungen haben. Schließlich werden von ihrem Tode wunderbare Geschichten erzählt: Als sie im Sterben lag und die Wärterinnen schliefen, löschte ein Windstoß die Totenlichter aus, und Martha sah eine Schar böser Geister eindringen. Sie stammelte: „Mein Vater Ely, mein teurer Gast, meine Verführer wollen mich verschlingen; sie haben aufgeschrieben, was ich Böses tat. Ely (Herr), bleib bei mir und hilf!" Da sah sie ihre Schwester kommen, die die Lichter wieder anzündete, und Christus, der sie zu sich einlud. Am selben Tag schlief der Bischof Fronto in Périgueux (in der Dordogne) während des Gottesdienstes auf seiner Kanzel ein. Da erschien ihm der Herr und sprach: „Wenn du erfüllen willst, was du unserer Gastgeberin Martha versprachst, dann folge mir!" Alsbald waren sie in Tarascon, hielten dort das Totenoffizium und brachten Martha ins Grab. Noch aus dem Grabe heraus vollbrachte sie Wunder, so erhielt der Frankenkönig Chlodwig, der zum Christentum übergetreten war, Heilung von einem Nierenleiden.

Martha soll auch ein Bild Jesu in ihren Garten gesetzt haben, und alle Kräuter, die das Bild berührten, hatten Heilkraft. Kaiser Julian Apostata (d. h. der Abtrünnige, da er zum Heidentum zurückkehrte) ließ das Bild entfernen und andere Bilder einsetzen, aber diese hatten keine Wunderkraft.

Maria von Magdala

Johannesevangelium: Kapitel 19, Vers 25–27
Johannesevangelium: Kapitel 20, Vers 1–18
Matthäusevangelium: Kapitel 27, Vers 54–56
Markusevangelium: Kapitel 16, Vers 9–11
Lukasevangelium: Kapitel 24, Vers 10–11

Maria aus Magdala, meist Maria Magdalena, ist wohl nach der Mutter Gottes die bekannteste Frauengestalt des Neuen Testaments und ist als solche in Wort und Bild immer wieder behandelt worden.

Es standen aber bei dem Kreuze Jesu seine
Mutter und die Schwester seiner Mutter, Ma-
ria (die Frau) des Klopas und Maria von Magdala.
26 Als Jesus nun die Mutter und den Jünger, den er
liebte, dastehen sah, sagt er zur Mutter: „Frau, da
ist dein Sohn.“ 27 Dann sagt er zu dem Jünger: „Da
ist deine Mutter.“ Und von jener Stunde an nahm
der Jünger sie zu sich.
20 1 Am ersten Wochentage aber kommt
Maria von Magdala in aller Frühe, als es
noch dunkel ist, an das Grab und sieht, daß der
Stein von dem Grab weggenommen ist. 2 Da läuft
sie und kommt zu Simon Petrus und zu dem an-
dern Jünger, den Jesus liebte, und sagt zu ihnen:
„Sie haben den Herrn aus dem Grabe weggenom-
men, und wir wissen nicht, wo sie ihn hingelegt
haben.“ 3 Da machten sich Petrus und der andere
Jünger auf und gingen zum Grabe. 4 Die beiden
aber liefen miteinander. Doch der andere Jünger
lief voraus, schneller als Petrus, und kam zuerst an
das Grab. 5 Und er beugt sich vor und sieht die
Binden daliegen; hinein ging er jedoch nicht.
6 Nun kommt auch Petrus hinter ihm her und ging
in das Grab hinein und sieht die Binden daliegen
7 und das Schweißtuch, das auf seinem Kopf ge-
wesen war; aber es lag nicht bei den Binden, son-
dern für sich zusammengefaltet an einer besonde-
ren Stelle. 8 Hierauf ging auch der andere Jünger,
der zuerst zum Grabe gekommen war, hinein und
sah und glaubte. 9 Denn noch hatten sie die Schrift
nicht verstanden, daß er von den Toten auferste-
hen müsse. 10 Dann gingen die Jünger wieder nach
Hause. 11 Maria aber stand draußen am Grabe
und weinte. Wie sie nun weinte, beugte sie sich vor
in das Grab 12 und sieht zwei weißgekleidete Engel
dasitzen, einen zu Häupten und einen zu Füßen,
wo der Leichnam Jesu gelegen hatte. 13 Und jene
sagen zu ihr: „Frau, warum weinst du?“ Sie sagt
zu ihnen: „Weil sie meinen Herrn weggenommen
haben, und ich weiß nicht, wo sie ihn hingelegt
haben.“ 14 Nach diesen Worten wandte sie sich um
und sieht Jesus dastehen, wußte aber nicht, daß es
Jesus war. 15 Jesus sagt zu ihr: „Frau, warum
weinst du? Wen suchst du?“ Sie meinte, es sei der
Gärtner, und sagt zu ihm: „Herr, wenn du ihn
fortgetragen hast, so sag mir, wo du ihn hingelegt
hast. Dann werde ich ihn holen.“ 16 Jesus sagte zu
ihr: „Maria!“ Da erkennt sie ihn und sagt zu ihm
auf hebräisch: „Rabbuni“, das heißt: Meister.
17 Jesus sagt zu ihr: „Halte mich nicht fest. Denn
ich bin noch nicht zum Vater hinaufgestiegen. Geh
aber zu den Brüdern und sage ihnen: Ich steige
hinauf zu meinem Vater und eurem Vater, meinem
Gott und eurem Gott.“ 18 Maria von Magdala
geht und verkündigt den Jüngern: „Ich habe den
Herrn gesehen“, und dies habe er ihr gesagt.

27 54 Als der Hauptmann und die, die mit
ihm Jesus bewachten, das Erdbeben sahen
und was geschah, gerieten sie in große Furcht und
sagten: „Dieser war in Wahrheit Gottes Sohn."
55 Es sahen aber dort viele Frauen von ferne zu,
solche, die Jesus von Galiläa her nachgefolgt wa-
ren, um ihm zu dienen. 56 Unter ihnen war Maria
von Magdala und Maria, die Mutter des Jakobus
und Joseph, und die Mutter der Zebedäussöhne.
16 9 Nach seiner Auferstehung, in der Frühe
des ersten Wochentages, erschien er zuerst
Maria von Magdala, aus der er sieben Dämonen
ausgetrieben hatte. 10 Die ging hin und verkündete
es seinen trauernden und weinenden Gefährten.
11 Als diese aber hörten, daß er lebe und von ihr
gesehen worden sei, glaubten sie es nicht.
24 10 Maria von Magdala und Johanna und
Maria, (die Mutter) des Jakobus, und die
übrigen, die mit ihnen waren, sagten dieses den
Aposteln. 11 Und denen kamen diese Worte vor
wie leeres Gerede, und sie glaubten ihnen nicht.

Seite 136: Maria Magdalena mit einem Salbengefäß in der Hand. Miniatur im Bittgebet-Teil des Stundenbuches der Katharina von Kleve (15. Jahrhundert).
Pierpont Morgan Library, New York.

Vorhergehende Seite: Maria Magdalena hat sich als Büßerin in eine Höhle zurückgezogen, wo sie reuevoll im Gebet verharrt. José de Ribera, Lo Spagnoletto genannt (1591–1652), hat der Heiligen als Attribut einen Salbentopf beigegeben, der rechts unten auf der Felsstufe steht.
Museo del Prado, Madrid.

Rechts: William Etty (1787–1849), Hauptvertreter der englisch romantischen Malerei, stellt auf einem breitformatigen Bild die Szene am Ostermorgen dar, wie Maria Magdalena im offenen Grab, vor dem der Wächter eingeschlafen ist, zwei Engel vorfindet und dann den Auferstandenen selber sieht, der plötzlich vor ihr steht.
Tate Gallery, London.

Oben: Lukas Cranach d. Ä. (1472–1553) stellt uns Maria Magdalena vor als eine reiche, höfisch gekleidete Frau, mit kostbarem Schmuck behangen, die sich ihrer Schönheit wohl bewußt ist. Wallraf-Richartz-Museum, Köln.

Rechts: In einer Phantasie-Berglandschaft läßt Jan van Scorel (1495–1562) Maria Magdalena als schöne Frau unter einem Baum in ruhiger Haltung wie als Modellfigur für einen Maler sitzen. Die linke Hand hat sie bewußt elegant auf die Falten ihres Gewandes gelegt. Rijksmuseum Stichting, Amsterdam.

„Frau, warum weinst du?“

Dorothee Sölle

Maria Magdalena ist als „Apostolin der Apostel“, wie Augustinus sagte, eine der hervorragenden Frauengestalten der christlichen Überlieferung. Sie hat eine führende Rolle gespielt sowohl in der ursprünglichen Jesusbewegung wie in der späteren kirchen- und kunstgeschichtlichen Tradition. Aber diese beiden Rollen stimmen wenig überein. Historisch gesehen gehört Maria aus Magdala am See Gennesaret zu den wohlhabenden Frauen, die sich dem Wanderrabbi Jesus in Galiläa angeschlossen haben, nachdem sie „von bösen Geistern und Krankheiten“ geheilt wurden (Lk 8,2). Sie wandert mit ihm nach Jerusalem, erlebt die Kreuzigung auf Golgota und ist die erste Zeugin, der sich der auferstandene Christus zeigt.

Wirkungsgeschichtlich gesehen, haben wir ein ganz anderes Bild, in dem verschiedene neutestamentliche Traditionen sich mischen. Eine zunehmend männerdominierte Kirche brauchte das Bild der „großen Sünderin“, anziehend gerade in ihrer Reue und Buße, um die eigene Sexualverdrängung und Frauenfeindlichkeit zu legitimieren. Maria Magdalena wurde zum Sinnbild der „gefallenen Mädchen“, Sünde wurde – völlig unbiblisch – auf sexuelles Verhalten allein bezogen, und Frauen hatten in der Kirche zu schweigen. Warum, so fragen sich Frauen heute, gibt es keinen „großen Sünder“ in dieser Tradition? Und wie sähe es aus, wenn man z. B. Petrus zu einem „bekehrten Zuhälter“ gemacht hätte?

Petrus und Maria Magdalena sind die Führerpersönlichkeiten der Jesusbewegung gewesen. Beide waren in den Urgemeinden tätig als Leiter, die den Glauben bezeugten und die Liebe lebten, das Evangelium predigten und Mission trieben. Schon früh, in den später verfaßten Evangelien, die nicht mehr ins Neue Testament aufgenommen wurden, gab es Konkurrenzkonflikte zwischen Männern und Frauen. „Würde der Erlöser denn insgeheim – ohne es uns wissen zu lassen – mit einer Frau gesprochen haben? Sollen wir vielleicht umkehren und alle auf sie hören?“ klagt ein ärgerlicher, eifersüchtiger Petrus im apokryphen „Evangelium nach Maria Magdalena“. Dieser Männerangst ist dann die ursprünglich frauenfreundliche, egalitäre Kirche der Gleichen zum Opfer gefallen.

Die Evangelien bewahren das andere Verhältnis Jesu zu den Frauen auf und dies vielleicht am deutlichsten in der Gestalt, die Jesus im Leben am nächsten stand, in der Maria aus Magdala. Ihre Heilung von der Krankheit ist ganz selbstverständlich auch ihre Berufung zu dem Weg, den Jesus gegangen ist, sie folgt ihm nach, sie „dient“ ihm: dies ist ein Ausdruck für die Lebenshingabe und macht vielleicht die Identifikation ihrer Gestalt mit der der großen Sünderin aus Lukas 7 verständlicher. Ehe Maria Magdalena Jesus traf, war sie von sieben bösen Dämonen besessen (Lk 8, 2), was auf eine Geisteskrankheit, vielleicht auf manisch-depressive oder epileptische Zustände hindeutet. Mit anderen Frauen zieht dann die ehemals Geisteskranke nach Jerusalem, steht dort „von ferne“ am Kreuz, als alle anderen Jünger weggelaufen waren (Mt 26,56), geht zum Grab und sieht als erste den auferstandenen Christus (Joh 20,1 u. 14).

Was sie und die anderen Frauen damit getan haben, versteht man erst, wenn man die Politik des Römischen Reiches gegen alle als aufständisch Angesehenen begreift. Die Kreuzigung eines Menschen hatte schwere Konsequenzen für alle Verwandten und Freunde. Die Kriminaljustiz bestimmte, daß ein gekreuzigter Verbrecher zur Abschreckung am Kreuz hängen bleiben sollte, bis die Tiere seinen Leichnam gefressen hatten. Die Verweigerung der Bestattung war ein Teil der Strafe, die auch Freunde und Verwandte oder, wie in Jesu Fall, Anhänger treffen sollte. Deswegen wurden gekreuzigte Leichname von römischen Soldaten bewacht, damit niemand sie stehlen könnte. Wie die Bestattung, so war auch die Trauer verboten. Menschen, die über den Tod eines Hingerichteten öffentlich weinten, wurden selbst hingerichtet. Tacitus schreibt über die Massenhinrichtungen unter Tiberius: „Weder Verwandten noch Freunden wurde es vergönnt, heranzutreten, sie zu beweinen, ja nicht einmal sie länger zu betrachten.“ Jedes Verhalten, das Nähe zu dem Gekreuzigten ausdrückte, konnte dazu führen, selber gekreuzigt zu werden.

Das Verhalten der Frauen entspricht dieser Realität: sie standen „von ferne“ dabei (Mk 15,40), sie versuchten, unerkannt zu bleiben, nahmen aber ein Risiko auf sich. Daß sie Frauen waren, bedeutete keinen Schutz, auch Frauen und Kinder wurden gekreuzigt. Auch zum Grab zu gehen war gefährlich: die Römer fürchteten, daß die Gräber hingerichteter Gegner des Reiches zur Wallfahrtsstätte von Gesinnungsgenossen und

INRI

Sammelpunkt konspiratorischer Elemente würden – ganz ähnlich übrigens, wie es in den langen Kämpfen schwarzer Südafrikaner gegen die Apartheid immer wieder zu Verboten von Grabfeiern und Gottesdiensten an den Gräbern der getöteten schwarzen Kinder und Jugendlichen gekommen ist.

Oben: Salvador Dalí (1904–1989) zeigt die mit klagend erhobenen Händen trauernde Maria Magdalena unter dem Kreuz.

Gegenüber: Auf seinem Gemälde „Kalvarienberg" hat Jacob Cornelisz. van Oostsanen (vor 1470 bis 1533) Maria Magdalena, in prächtigem Gewand am Fuße des Kreuzes kniend, groß in den Vordergrund gerückt. Ihr gegenüber kniet Veronika mit dem Schweißtuch, auf dem das Antlitz Jesu eingeprägt ist.
Rijksmuseum Stichting, Amsterdam.

Vorhergehende Seite: Maria Magdalena kniet am vorderen Bildrand vor dem Kreuz. Mit ausgestreckten Armen blickt sie zu dem Gekreuzigten auf, ihm ihre ganze Liebe darbringend. Dem Beschauer wendet sie den Rücken zu, über den sich die Fülle ihres gelockten Haares breitet. Kreuzigungsgemälde von Giovanni Bellini (um 1430–1516).
Museo Civico, Pesaro.

Maria Magdalena und die anderen Frauen machten sich ganz bewußt zu Zeugen, wenn auch mit Vorsicht. Wären sie am Ostermorgen von Denunzianten gesehen worden, hätte es sie ihr Leben kosten können. Immerhin saßen die männlichen Jünger zur Zeit des Grabbesuchs und der Salbung noch in ihrem Versteck in Jerusalem. Die Angst hielt den Glauben gefangen. So konnten die Frauen dem Auftrag des Jünglings, die durch die Kreuzigung aufgelöste Schar der Jesusanhänger wieder zu sammeln, nicht nachkommen. „Und sie sagten niemandem etwas, denn sie fürchteten sich" (Mk 16,8).

Maria Magdalena verkörpert die Angst und die Trauer der ganzen ersten Gemeinde. Sie ist mutiger als die Männer, sie sucht Jesus draußen am Grab, in der von den Männern gemiedenen Öffentlichkeit. Ihre Tränen, von Bibelauslegern oft als Sentimentalität dargestellt, sind ihr tiefster Selbstausdruck. Auch die Engel am Grab, auch der Auferstandene selber fragen sie: „Frau, warum weinst du?" (Joh 20,13 u. 15). Es ist die Verzweiflung darüber, daß alle Hoffnung und alle Heilung mit Jesu Tod zerschlagen ist. Wenn Gott ihn fallenließ und der gleichgültigen Nacht eines Universums ohne Gerechtigkeit und ohne Frieden überließ, dann ist die Hoffnung der Elenden, jemals frei, satt, unverkrümmt und ohne Dämonen zu leben, gestorben. Nach dem Johannesevangelium erkennt Maria Magdalena den Jesus erst, als er sie mit Namen anspricht. Sie antwortet „Rabbuni", das heißt Meister (Joh 20,16). Ihrem Wunsch, ihn zu berühren und durch die Berührung neue Kraft zu gewinnen, entspricht Jesus nicht. Den Auferstandenen soll man nicht anfassen – oder fotografieren – wollen. Er berührt Menschen durch den Heiligen Geist, den er den Jüngerinnen und Jüngern einhaucht (Joh 20,22). Und er beauftragt Maria Magdalena, den verängstigten Männern zu erzählen, was sie als Zeugin gesehen hat.

Noch sitzen die Jünger voller Angst hinter verschlossenen Türen. Sie sind Knechte des Todes. Maria Magdalena geht zu ihnen, damit sie auch teilhätten. Auferstehung ist das Symbol einer Macht, die das Leben verändert, die Untertänigkeit dem Tod gegenüber und die Kooperation mit ihm zerbrechen. Zur Auferstehung des einen gehören immer Zeugen dazu, es geht nicht um die Heimholung Jesu zu seinem Vater, sondern um die Befreiung des Lebens aller Menschen aus Angst und Unterwerfung unter die Mächte des Todes. Nicht die Tränenlosen werden gefragt „Warum weinst du?"

INRI

Oben: Rembrandt van Rijn (1606–1669) hatte die Szene „Christus erscheint Maria Magdalena“ schon 1638 gemalt und ließ sich von diesem Thema noch einmal 1651 – unser Bild (Ausschnitt) – schöpferisch anregen. Der lichterfüllte Leib des Auferstandenen, vor dem Maria Magdalena in die Knie sinkt, entsprach Rembrandts Auffassung vom Licht, das die Dunkelheit besiegt. Herzog-Anton-Ulrich-Museum, Braunschweig.

Gegenüber: Jesus Christus erscheint am Ostermorgen Maria Magdalena, die im ersten Augenblick vor der Erscheinung des Auferstandenen fast bestürzt zurückweicht. Gemälde des hauptsächlich in Urbino tätigen Malers Federigo Baroccio (um 1526/35–1612). Galleria Corsini, Rom.

Antike und mittelalterliche Quellen

Joe H. Kirchberger

Die Gestalt der Maria Magdalena, wie sie in den Evangelien beschrieben wird, hat im Laufe der Jahrhunderte eine erstaunliche Veränderung erfahren.

In drei der vier Evangelien wird erwähnt, daß sie bei der Kreuzigung zugegen war (nicht bei Lukas). Alle vier Evangelien bestätigen, daß sie Zeugin der Auferstehung war, ja daß Christus ihr zuerst erschienen sei. Ferner wird erwähnt, daß Christus sie von „sieben Dämonen" (oder Teufeln) befreit hätte. Nirgends wird gesagt, daß sie eine Sünderin gewesen sei, denn die Heilung durch Jesus kann nicht als Sündenvergebung gedeutet werden. Dennoch ist sie im Laufe der Zeit zum Symbol der reuigen Sünderin geworden. Sie verschmolz nämlich in späteren Darstellungen mit der bei Lukas beschriebenen sündigen Frau der Salbung. Auch wurde sie im Laufe der Zeiten vielfach mit Maria, der Schwester der Martha und des Lazarus, gleichgesetzt.

Der Grund für dieses zweite Phänomen mag damit zusammenhängen, daß so viele Frauen mit Namen Maria im Neuen Testament vertreten sind. Abgesehen von der Mutter Gottes und der Schwester des Lazarus, sind noch erwähnt Maria, die Mutter des Apostels Jakobus des Jüngeren und Frau des Klopas, die vielleicht mit der Mutter der Zebedäussöhne identisch ist und die Schwester oder Halbschwester der Mutter Gottes gewesen sein kann. Und schließlich ist da noch die in der Apostelgeschichte (12, 12) erwähnte Maria, die Mutter des Johannes, „der mit Zunamen Markus hieß", sowie die in der Bibel nicht erwähnte Maria aus Ägypten (Aegyptiaca), eine historische Persönlichkeit, die ein sündiges Leben in Alexandria führte, dann bereute, 47 Jahre lang in der Syrischen Wüste östlich des Jordans gebüßt haben und im Jahre 421 gestorben sein soll.

Maria heisst Magdalena nach dem Orte Magda, wahrscheinlich identisch mit dem heutigen Majdol am Westufer des Sees von Gennesaret. Da sie eine der Hauptzeugen von Christi Auferstehung ist, berührt es seltsam, daß sie von Paulus im 1. Korintherbrief, Kap. 15, nicht als Zeugin aufgeführt ist. Von den Gegnern des Christentums wurde sie sogar als Gegenzeugin genannt, da sie als „besessen" angesehen wurde, z. B. von dem griechischen Philosophen Celsus, dessen „Logos Alethes" (Wort der Wahrheit) von dem bedeutenden griechischen Kirchenvater Origenes (186 bis 254) ausführlich widerlegt wurde. Immerhin wird sie noch von den früheren griechischen Kirchenvätern bis Origenes eindeutig von der „Sünderin" des Lukas unterschieden. Bei Tatian (deutsch 830), im „Heliand" (um 830), in Otfrieds Evangelienbuch (868) wird ihre Begegnung mit dem auferstandenen Christus der Bibel gemäß wieder erzählt. Aber seit den „Magdalenen-Homilien" (Auslegungen) des Papstes Gregor des Großen (um 540–604), der die Germanenmission in die Wege leitete, beginnt Magdalena nicht nur Züge der „Sünderin", sondern auch der ägyptischen Maria und der bei Johannes 4 erwähnten Samariterin anzunehmen, die sich von ihm bekehren ließ, als sie ihn am Brunnen bei Sychar traf. Im „Leben Jesu" der Frau Ava, der ersten namentlich bekannten deutschen Dichterin (um 1120), die wahrscheinlich im niederösterreichischen Kloster Melk gestorben ist, wird der gesamte biblische Stoff im Hinblick auf die Erlösung der Menschheit behandelt. Maria Magdalena trägt da noch die biblischen Züge, die sie von der Schwester der Martha wesentlich unterscheiden. Denn diese ist ein in sich gekehrtes Wesen, das schwerlich am Kreuze gestanden und sich dem Hohn der Pharisäer und Kriegsknechte ausgesetzt hätte, während Magdalena eine nach außen wirkende tapfere Frau ist. Aber schon Odo von Cluny, der 942 starb, folgt Gregors Auslegung und sieht in Magdalenas Besessenheit den Ausdruck ihres sündigen Lebens. Ähnlich der Priester Konrad (um 1170), der in der Bodenseegegend lebte und von dem 114 deutsche Predigten erhalten sind. Sein theologischer Gegenspieler ist der franziskanische Volksprediger Berthold v. Regensburg (1210–1272). Berthold war ein Anhänger des franziskanischen Propheten Joachim von Fiore, der für das Jahr 1260 ein Zeitalter des Geistes ankündigte. Berthold wurde zusammen mit Albertus Magnus von Papst Urban VI. zu Kreuzzugspredigten gegen die – als Ketzer angesehenen – Waldenser aufgerufen. Von ihm sind nicht weniger als 258 Predigten erhalten. Doch auch er folgt den Gregor-Odo-Ideen über Magdalena wie auch Vinzenz von Beauvais (um 1190–1264), ein französischer Dominikaner, in seiner Sammlung biblischer Geschichten.

Das Mittelalter sieht in Petrus, Paulus und Maria die drei großen Büßer: Petrus, weil er den Herrn verleugnete, Paulus, weil er die Christen

Oben: In der Kirche von Aix spricht Maria Magdalena von der Kanzel zu den Gläubigen. Darstellung eines unbekannten Schweizer Meisters, Anfang 16. Jahrhundert. Fürstlich-Fürstenbergische Sammlungen, Donaueschingen.

Vorhergehende Seite: Maria Magdalena, dargestellt als modisch frisierte, reiche junge Dame. Unbemalte Holzskulptur aus Brabant, um 1500. Musée Cluny, Paris.

verfolgte, ehe er bekehrt wurde, Maria Magdalena, die ein sündiges Leben führte.

EIN GANZ NEUES Motiv bringt die Legenda Aurea (um 1270) und nach ihr das Gedicht „Der saelden hort" (1298) hinzu. Nach ihnen ist Magdalena die verlassene Braut des Jüngers Johannes, der sein Leben ganz dem Vermächtnis Christi weihte.

Seit dem 9. Jahrhundert ist der 22. Juli der offizielle Festtag für Maria Magdalena, und seit etwa 1100 sind Hymnen auf sie geschrieben worden. Aus Niederösterreich stammen zwei Reimgedichte auf sie, eine von dem Zisterzienser Christian von Lilienfeld (vor 1330), das andere von dem Kartäusermönch Konrad von Gaming, um 1350. Dante erwähnt sie zwar nicht in der „Göttlichen Komödie", wohl aber in seinem „Gastmahl" (Convivio), das er um 1305 im Exil geschrieben hat und in dem er seine philosophischen und literarischen Ansichten entwickelt.

Die nun aufkommenden „Klagen der Maria Magdalena" sind meist Reueklagen oder aber auch Mitleids- und Liebesklagen. Die letzteren gehen bis auf Gregor den Großen zurück. Hier wird sie als trauernde Braut, die den Geliebten sucht, gezeigt, und das biblische „Noli me tangere" (Rühre mich nicht an: Joh 20,17) mit dem Hohenlied Salomos des Alten Testaments verknüpft. So auch bei dem österreichischen Epiker Heinrich von Neustadt (1330). Sie galt auch als Befreierin von Gefangenen, etwa in dem mittelniederdeutschen Gedicht „Van sante Maria Magdalena", um 1450. In andern mittelalterlichen Darstellungen wird sie als samaritische Buhlerin gezeigt, die Jesus am Brunnen begegnet, oder mit Maria Aegyptiaca verwechselt. Ein besonderer Magdalenen-Kult entwickelte sich in der mittelfranzösischen Stadt Vézelay, deren große Kirche Ste-Madeleine im Jahre 1096 begonnen wurde. Hier wurde das Büßerleben der Maria Aegyptiaca auf Magdalena und ihren Begleiter Maximinus übertragen. Ganz anders weiß eine alte Talmud-Überlieferung, daß Magdalena als „Miriam" die Braut eines Rabbis, des Papos ben Jehuda, ist. Dies deutet auch schon der Priester Konrad (um 1170) an.

DIE SCHÖNSTEN LEGENDEN bildeten sich in Südfrankreich, wo sie bald mit der Schwester Marthas verschmolz. Sie begann, in Marseille zu predigen, zunächst ohne Erfolg. Das änderte sich, als sie ein Wunder vollbrachte. Sie erweckte ein Baby, dessen Mutter im Kindbett gestorben war, zum Leben. Der Vater des Kindes befand sich auf einer Reise nach Jerusalem, wo er sich von der Wahrheit der Predigten der Magdalena hatte überzeugen wollen. In Jerusalem zeigte ihm Petrus alle heiligen Stätten und lehrte ihn zwei Jahre lang. Als er dann nach Marseille zurückkehrte, war sein Kind, das er als tot an der Mutterbrust zurückgelassen hatte, am Leben und herangewachsen, lief am Strande entlang und sammelte Steine und Muscheln. Dann, als er das Tuch vom Leib seiner Frau hob, öffnete diese ihre Augen und breitete ihre Arme zu ihm aus. Nach diesem Wunder ließen sich viele taufen.

Die Legenda Aurea erzählt diese Episode etwas anders: Der Statthalter der Provinz Marseille, Peregrinus, ist bereit, Christ zu werden, wenn Maria Magdalena ihm ein Kind erbittet. Das tut sie. Nun möchte er Petrus kennenlernen, und er und seine schwangere Frau treten die Reise an. Doch sie starb bei der Geburt und wurde mit dem lebenden Kind auf einer kleinen Insel zurückgelassen. Nun jammerte Peregrinus: „Warum rietest du mir zu dieser Reise? Laß das Kind nicht verderben!" Aber dann tröstete ihn Petrus: „Nimm es nicht so schwer, denn deine Frau ruht und das kleine Kind bei ihr." So brachte Peregrinus zwei Jahre im Heiligen Land zu und kam bei der Rückfahrt zu dem Inselchen. Da spielte der Knabe am Strande, der, weil er noch nie einen Mann gesehen hatte, beim Anblick von Peregrinus zu seiner toten Mutter floh. Dort fand ihn Peregrinus, wie er von der Mutterbrust trank, und er sagte: „Oh, wenn sie doch lebte und mit mir heimkehrte!" Da erwachte sie. In ihrem Geiste hatte sie an der Hand der Magdalena die ganze Reise und den Aufenthalt bei Petrus mitgemacht und wußte alles. So fuhren die drei überglücklich nach Marseille zurück, erzählten Magdalena alles und ließen sich von Maximinus taufen.

Die Legenda Aurea hat noch mehr von ihr zu berichten: Sie hilft aus der Schuldhaft, und Schiffer rufen sie als Seeheilige an. Sie leuchtet Verirrten in der Dunkelheit. Ein Mann schrieb alle seine Sünden auf einen Zettel und legte ihn unter die Decke des Magdalenenaltars. Damit gewann er die Fürbitte der Heiligen und fand seine Sünden getilgt. Die Legenda weiß auch von einem Krieger, der jedes Jahr das Grab der Magdalena besuchte. Dann fiel er in einer Schlacht, und seine Eltern klagten, daß Maria Magdalena ihn ohne Beichte hatte sterben lassen. Darauf erhob sich der Tote, verlangte einen Priester, beichtete, empfing die Wegzehrung und verschied darauf in Frieden. Nach allen diesen Wundern kehrte Magdalena in die Wüste zurück und lebte dort dreißig Jahre lang als Einsiedlerin. Das englische Wort „maudlin", das weinerlich, übermäßig gefühlvoll bedeutet, ist von Magdalena abgeleitet, etwa in dem Sinn von „Reuetränen vergießend". In späteren Jahren hatte sie Visionen. Engel hoben sie jeden Tag

NEDESP
ETIS·
UOSQUI
PECCARE
SOLETIS·
EXEMPLO
Q3 MEO·
UOSREPA
RATE DE
O·:·

Gegenüber: Auf diesem ikonenartigen Bild eines italienischen Malers des 13. Jahrhunderts steht Maria von Magdala frontal auf den Betrachter ausgerichtet mit einem Spruchband in der Hand. Darauf ist zu lesen: „Verzweifelt nicht, wenn ihr gesündigt habt. Folget meinem Beispiel, und versöhnt euch mit Gott!“ Auf den acht kleinen Bildszenen rings um Maria Magdalena sind die wichtigsten Stationen ihres Lebens dargestellt. Galleria dell'Accademia, Florenz.

Erste Reihe
Links: Maria Magdalena benetzt Jesu Füße mit ihren Tränen, trocknet sie mit ihren Haaren und gießt kostbares Parfüm darüber.
Rechts: Hier ist sie Zeugin, wie Jesus dem bereits drei Tage tot im Grab gelegenen Lazarus befiehlt, ins Leben zurückzukehren. In der Legende wird Maria von Magdala oft verwechselt mit Maria aus Betanien, der Schwester von Martha und Lazarus.

Zweite Reihe
Links: Maria Magdalena ist voll Freude, als Jesus am Ostermorgen leibhaftig vor ihr steht. Sie möchte den geliebten Herrn umfangen, doch Jesus sagt: „Noli me tangere – Berühre mich nicht!“
Rechts: Maria Magdalena predigt in der Kirche von Aix, wohin sie gelangt ist, nachdem sie und ihre Gefährten mit dem steuerlosen Schiff an den Strand von Marseille gespült worden waren.

Dritte Reihe
Links: Beim Beten wird Maria Magdalena von Engeln hochgehoben, so daß sie während der Kontemplation über dem Boden schwebt.
Rechts: Während ihres Büßerlebens in der Wüste wird Maria Magdalena von einem Engel mit Nahrung versorgt.

Vierte Reihe
Links: Maximinus reicht Maria Magdalena das heilige Sakrament.
Rechts: Maria Magdalena wird in Aix begraben. Nach der Zerstörung von Aix kommen ihre Reliquien nach Vézelay.

Rechts: Oft wird Maria Magdalena irrtümlich mit der ägyptischen Büßerin Maria verwechselt. So auch in dieser „La belle Allemande“ genannten, nur mit ihrem langen Haar bedeckten, nackten Magdalena-Holzstatuette von Gregor Erhart, entstanden um 1500.
Louvre, Paris.

empor, so daß sie die himmlischen Harmonien hören konnte und sehen, wie reuige Sünder geehrt werden. Eines Tages sah sie ein Eremit, wie sie von singenden Engeln getragen wurde, und verkündete dies in der Stadt Marseille.

Im Jahre 1279 wurden ihre und des Lazarus irdische Reste in der Nähe von Toulon entdeckt. Graf Eberhard von der Provence errichtete dort eine Kirche. Als er später von dem König von Aragón gefangengenommen wurde, wurde er durch Maria Magdalena befreit, und ihr Ansehen im südlichen Frankreich stieg dadurch noch mehr.

Die Rose ist ihr geweiht. Sie selbst ist in Darstellungen meist violett gekleidet, die Farbe der Reue und Buße. Sie wird meist mit langem Haar, ein Kästchen mit Salben haltend, dargestellt, manchmal auch mit flammendem Herzen.

Zusammenfassend kann man sagen, daß sie im Mittelalter als eine der Hauptzeugen der Kreuzigung sowohl wie der Auferstehung die Erlösbarkeit des Menschen von der Sünde veranschaulichte. Sie verkörperte aber auch das bekehrte Heidentum und die „Ecclesia" (Kirche), wie etwa bei Gottschalk von Limburg in seinem „Laus tibi, Christe" (Lob dir, Christus) aus dem 11. Jahrhundert und bei Hermann von Reichenau um dieselbe Zeit. Bei den Franzosen des Hohen Mittelalters ist sie die vorbildliche Büßerin, wie bei Marbode in seinem „Peccatrix quondam femina" (Einst war ein sündiges Weib) und bei Gottfried von Vendôme. Etwas später wurde sie unter dem Einfluß der Mystik zum Bild für die Seele, die Jesus sucht. So in dem Hymnus „Lauda, mater Ecclesiae" des Alanus von Lille, in mehreren Gesängen des Petrus Venerabilis und auch in einem Hymnus auf die selige Sünderin, verfaßt von dem damals hochberühmten Lehrer der Theologie und Philosophie in Paris, Abälard (1079–1142), dessen tragische Liebe zu seiner Schülerin Heloïse in der Literatur immer wieder behandelt worden ist. Im späten Mittelalter überwiegt dann wieder die Auffassung der Magdalena als einer büßenden Sünderin, wie etwa in einem in vielen Versionen bekannten Volkslied des 16. Jahrhunderts, in dem sie lange büßt, aber nicht erlöst wird, weil sie ihre Hände „mit undemütigem Blick" betrachtet hat und nun weitere sieben Jahre büßen muß. Ein etwa ebenso altes englisches Volkslied zeigt sie als eine samaritische Buhlerin, die Jesus am Brunnen zu Sychar begegnet, und nach einer andern spätmittelalterlichen Legende begleitete sie Johannes nach Ephesus und liegt dort begraben, während frühere Berichte die Überführung ihrer Gebeine aus der Provence nach Burgund beschreiben. Die Gleichstellung mit der samaritischen Frau am Brunnen findet sich auch in einem mittelalterlichen deutschen Volkslied: „Magdalena hin zur Quelle geht".

In den Passions-, speziell Osterspielen des späten Mittelalters gibt es oft längere Magdalena-Szenen, in denen zum ersten Mal ihr weltliches Sünderleben gezeigt wird.

Ein beliebtes Bildthema zur Legende der Maria Magdalena ist ihre mystische Erhebung, ihr Schweben während ekstatischen Betens. Hier zwei Beispiele:

Gegenüber: Gemälde von Paolo Veronese (1528–1588). Museo del Prado, Madrid.

Rechts: Gemälde von José Antolínez (1635–1675), eines Meisters des spanischen Hochbarocks. Museo del Prado, Madrid.

Bibliographie

Ascher, Mary: *Twelve Women of the Old Testament.* New York 1963.
Barash, Asher: *Arabic Folk Tales.* Masada 1969.
Boccaccio, Giovanni: *De claris mulieribus* (ca. 1365). Deutsche Ausg. Tübingen 1895.
Boyajian, Z. C.: *Armenian Legends and Poems.* London 1916.
Calvocoressi, Peter: *Who's who in der Bibel.* München 1990.
Carmody, Denise Lardner: *Biblical Women.* New York 1988.
Chalier, Catherine: *Les matriarches.* Paris 1985.
Deen, Ed: *All the Women of the Bible.* New York 1955.
Eger, Paul: *Adam, Eva und die Schlange.* München 1920.
Every, George: *Christian Mythology.* London, New York, o. J.
Faulhaber, Michael: *Charakterbilder der biblischen Frauenwelt.* 1935–58.
Flavius Josephus: *Jüdische Altertümer* (dt. von H. Clementz). Wiesbaden 1990.
Frenzel, Elizabeth: *Stoffe der Weltliteratur.* Stuttgart 1983.
Freye, Northrup: *Words with Color.* New York 1990.
Gaer, Joseph: *The Lore of the Old Testament.* Boston 1951.
Gaer, Joseph: *The Lore of the New Testament.* Boston 1952.
Gesta Romanorum. (Mittelalterliche Sammlung alter Legenden), 14. Jahrh. Deutsche Ausg. Leipzig 1905.
Ginzburg, Louis: *Legends of the Jews.* 7 Bde, Philadelphia 1956.
Godspeed, Edward J.: *Strange new Gospels.*
Gravelaine, Jovelle de: *Le Retour de Lilith.* Paris 1985.
Guenter, Heinrich: *Psychologie der Legende.* Freiburg 1949.
Hackwood, Fred W.: *Christ Lore.* London 1902.
Hahn, Friedrich: *Bibel und moderne Literatur.* Stuttgart 1968.
Hatz, Mechthild: *Frauengestalten des Alten Testaments.* Heidelberg 1972.
Kahana, S. Z. : *Legends of Israel.* 1987.
Kappstein, Theodor: *Bibel und Sage.* Berlin 1913.
Karssen, Gien: *Frauen der Bibel* (übersetzt von L. Friedemann).
Koltuv, Barbara: *The Book of Lilith.* York Beach 1986.
Koran, Der (übers. von Laz. Goldschmidt). Berlin 1956.
Lafargue, Paul: *The Myth of Adam and Eve.* Chicago 1928.
Liptzin, Sol: *Biblical Themes in World Literature.* Hoboken, N. J. 1985.
McKenzie: *Dictionary of the Bible.*
Modersohn, Ernst: *Die Frauen des Neuen Testaments.* Stuttgart 1989.
Philo Judaeus. *Works.* Loeb Libr. 1929–42.
Rossetti, Christina: *Poems.* Boston 1866.
Sachs, Hans: *Werke.* 1870–1908. Hrsg. von K. Kinzel. Halle 1905.
Shaw, George Bernard: *Back to Methusalem* (Drama). London 1947.
Singer, Isaac: *The wicked City.* New York 1972.
Smitt, F. A.: *Stoff- und Motivgeschichte der deutschen Literatur.* Berlin 1976.
Stadler, J. E., und Heim, T. J.: *Vollständiges Heiligen-Lexikon.* Augsburg 1855–57.
Stowe, Harrier/Elizabeth Beecher: *Women in sacred history.* New York 1873.
Talmud, Worte des, hrsg. von Rabbi Goldstein. Tübingen 1963.
Toynbee, Paget J.: *A Dictionary of proper names of Dante.* Oxford 1914.
Urbanek, Gisela: *Die Gestalt König Davids.* Wien 1964.
Väterbuch, Das (Vitae Patrum) (Legendensammlung). Leipzig 1914. Um 1280.
Voragine, Jacobus de: *Der Heiligen Leben und Leiden* (Die Goldene Legende). 2 Bde., Leipzig 1913.
Weil, G.: *Biblical Legends of the Mussulmans.* New York 1846.
Work, E. W.: *The Bible in English Literature.* New York 1917.
Zweig, Arnold: *Abigail und Nabal,* Tragödie. Leipzig 1913.

Textnachweis

Anmerkungen zu den Texten von Dorothee Sölle:
Für die Darstellung biblischer Frauengestalten habe ich benutzt:
Karin Walter (Hrsg.), Zwischen Ohnmacht und Befreiung.
Biblische Frauengestalten, Herder
Frauenforum, Freiburg – Basel – Wien 1988

Bibeltexte aus:
Die Bibel. Die Heilige Schrift des Alten und Neuen Bundes. Deutsche Ausgabe mit Erläuterungen der Jerusalemer Bibel, herausgegeben von Diego Arenhoevel, Alfons Deissler und Anton Vögtle.

Bildnachweis

Arte Fotografia, Rom: 147
Beyer Constantin, München: 83
Biblioteca Apostolica Vaticana, Vatikan: 31, 78
Boyer Patrick, Montlouis sur Loire: 44
Boymans-van Beuningen Museum, Rotterdam: 132/133
British Library, London: 12, 33, 57, 81 u
Burgerbibliothek, Bern: 34
County Museum of Art, Los Angeles: 130
EMB-Service, Luzern: alle sonst nicht erwähnten Bilder
Giraudon, Paris: 4 (4), 5 (10) 55, 73, 122, 123, 126/127, 128, 135
Goerlipp Georg, Donaueschingen: 150
Herzog-Anton-Ulrich-Museum, Braunschweig: 146
Kunsthistorisches Museum, Wien: 32, 92
La Fotocamera, Genua: 38/39
MAS Ampliaciones y Reproducciones, Barcelona: 110
Metropolitan Museum, New York: 16/17, 27
Münsterbauverein, Freiburg i. Br.: 37
Musée des Beaux Arts, Tours: 44
Museo del Prado, Madrid: 7, 77, 90/91, 137, 154, 155
Museo San Rocco, Venedig: 20
National Gallery of Canada, Ottawa: 102
Nationalmuseum, Budapest: 111 o
Nippon Television Network Corporation, Tokio: 11, 22/23, 67, 114/115
Pinacoteca Nazionale, Bologna: 104/105
Reiss Ferdinand, Vorau: 111 u
Réunion des Musées Nationaux, Paris: 5 (5, 7, 11), 8, 41, 49, 60/61, 65, 69, 86, 101, 106 o, 149, 153
Rijksmuseum Stichting, Amsterdam: 140/141, 145
Rivaux Jean-Pierre, Buxerolles: 51
Sereni Michele Alberto, Pesaro: 143
Staatsgalerie, Stuttgart: 84
Staats- und Universitätsbibliothek, Hamburg: 81 o, 96, 97
Tate Gallery, London: 19, 25, 28, 138/139
Topkapi-Serail-Museum, Istanbul: 17
Victoria and Albert Museum, London: 63
Wallraf-Richartz-Museum, Köln 140

Index